Das Pariser Bistro

MARC AUGÉ

Das Pariser Bistro

Eine Liebeserklärung

Aus dem Französischen von Felix Kurz

Matthes & Seitz Berlin

Inhalt

Erinnerungen
Jugendjahre 17
Küstenschifffahrt 23
Das Seminar 27

Die Raum-Zeit des Bistros
François 33
Musik 39
Ein Ort der Konventionen 45
Ein Raum in Bewegung 49
Ein Raum der Riten 55
Julie 65

Geträumtes Paris
Maigret 75
Aragon oder die Sucht nach Orten 79
Ein romanesker Ort 87
Die Rotkehlchen und der Albatros 97
Verlorenes Paris, wiedergewonnenes Paris 109

Werde ich noch lange das Gefühl für das Wunderbare des Alltäglichen haben? Ich sehe, wie es in jedem Menschen verloren geht, der in seinem Leben wie auf einem immer besser gepflasterten Weg voranschreitet, der sich mit wachsender Leichtigkeit immer mehr an die Welt gewöhnt, der sich nach und nach vom Gefallen am Ungewöhnlichen und von dessen Wahrnehmung löst. Genau das werde ich zu meiner Verzweiflung niemals erfahren können.

— Aragon, *Der Pariser Bauer*

Bistro, das ist zunächst ein Wort ungewisser Herkunft, aber relativ neuen Datums, das weltweit beachtliche Verbreitung gefunden hat und wie der Cancan und der Eiffelturm vom Glanz Frankreichs zeugt. Der *Petit Robert* führt zwei mögliche Etymologien an, die anderen Quellen zufolge allerdings zweifelhaft sind: *bistouille*, eine Ende des 19. Jahrhunderts in Nordfrankreich gebräuchliche Bezeichnung für minderwertigen Alkohol oder einen mit Schnaps versetzten Kaffee (angelehnt an das Verb *touiller*, »umrühren«), und das russische *bystro* (»schnell!«), das demnach an den Aufenthalt der nach Siegen und Alkohol dürstenden Kosaken in Paris erinnert. In jedem Fall wirft die erstaunliche Karriere eines Wortes, dessen Ursprung man nicht kennt und das rasch in aller Welt zum Symbol für einen Lebensstil *à la française* wurde, Fragen auf.

Bistro: ein Mischling, der sich aufgemacht hat, die Welt zu erobern.

Troquet, Bistroquet, Mastroquet, Caboulot... – es mangelt im Französischen nicht an ungefähren, mehr oder weniger umgangssprachlichen Synonymen, aber nur *Bistro* hat sich als ein vertrautes, sympathisches, allgemein bekanntes und daher in terminologischer wie geografischer Hinsicht kolonialistisches Wort durchgesetzt. Es wird nicht nur für kleine Trinklokale verwendet, sondern ist in die Domäne der Gastronomie vorgedrungen, hat nach und nach die Bedeutung des Wortes »Restaurant« ausgehöhlt und die Qualitäten des Einfachen und Natürlichen angenommen, die man von einer »bürgerlichen« Küche mit Recht erwartet. Gleichzeitig hat es sich in ausländische Großstädte eingeschlichen und ist zu einer gängigen Bezeichnung geworden, ein wenig wie »Pizzeria«. Während eine Pizzeria außerhalb Italiens sich jedoch auf ihren nationalen oder regionalen Ursprung beruft, gilt dies nicht für alle »Bistros«: Natürlich findet man auch im Ausland von Franzosen betriebene Bistros (zum Beispiel das *French Little Bistro* in Miami Beach oder das *Bistro Les Amis* in New York), aber bemerkenswert ist gerade, dass sich das Wort häufig ganz allein auf die Reise gemacht hat, so als führte es als solches eine Gewähr für lokale Authentizität mit sich. In Turin gibt es viele »Bistros«, namentlich ein *Bistrot de Turin*, das auf Gerichte und Weine aus dem Piemont spezialisiert ist. In einem internationalen Flughafen habe ich einmal ein *Bistrot Américain* gesehen, dessen Spezialitäten ich mangels Zeit nicht kosten konnte, und in Berlin wimmelte es von »Bistros«, in denen das Bier in Strömen floss. Mit dem Wort »Bistro« hat Frankreich ein flexibles, anpassungsfähiges Modell lokaler Authentizität exportiert, eine französische *Façon*, die eigene Herkunft – egal welche – durch Vorlieben und Geschmäcker auszudrücken und unverfälscht man selbst zu sein, gleich wo und wer man ist.

Was ist ein Bistro, und was nicht? Ein *Troquet* ist eine kleine Bar, in der man trinkt. In ein *Troquet* oder auch *Bistroquet* geht man nicht auf einen Sekt, sondern eher auf ein Glas Rot- oder Weißwein oder ein Bier. Man bleibt dort nicht lange um des Vergnügens willen; nur selten nimmt man Platz. Das Café dagegen ist eine Institution, die mit gewissen Weihen versehen ist und hier und da schon mal Spezialitäten zu bieten hat. An dem Wort haftet ein Hauch europäischer Distinktion: Die Literatencafés haben sich einen historischen Ruf erworben; andere, manchmal auch dieselben, waren Orte des politischen Lebens. Die Bistros sind irgendwo zwischen den schlichtesten *Troquets* und den kultiviertesten Cafés angesiedelt.

Solche Cafés sind zu vornehm, um sich Bistro zu nennen, es sei denn, sie bedienen sich einer Art sprachlicher List ähnlich den Riten der Inversion, aus denen sich seit einigen Jahren das Phänomen der »Bobos« (bourgeois-bohème), der Salonlinken, speist. Das Auftauchen der Bobos in alten Arbeitervierteln von Paris wie dem 19. und 20. Arrondissement stellt einen Prozess der Eroberung oder Rückeroberung dar: Als wohlhabende Leute kaufen sie dort relativ günstig Wohnungen, die sie sich in dieser Größe in den »guten Vierteln« nicht leisten könnten, und lassen sich nieder. Nach eigenem Bekunden schätzen sie an diesen Quartiers das Lebendige und Pittoreske. Sie finden Nachahmer, und die Bistros folgen ihnen wie in Turin, Berlin oder anderswo, allerdings mitten in Paris. Als ein Exportprodukt, das in diesem Fall für den internen Gebrauch bestimmt ist und gleichsam zurück an den Absender geschickt wurde, ist das Bistro der Bobos eine Art potenziertes Bistro. Das Menü wird betont leger auf eine Tafel geschrieben. Am Tresen kann man Weine von ausgesuchten Kleinwinzern kosten und an Stehtischen mittags für unter 35 Euro essen. Als Gipfel des Bobo-Schicks werden manchmal typische Fastfood-Gerichte, zum Beispiel Burger, mit einer neuen gastronomischen Würde versehen. Gefördert wurde diese Entwicklung von einigen bekannten Sterneköchen, die seit einer Weile neben den Restaurants, denen sie ursprünglich ihren Ruhm verdanken, schlichtere und günstigere Lokale betreiben und sie mit leicht affektierter Bescheidenheit »Bistros« getauft haben, auch wenn es sich dabei um eine offenkundig missbräuchliche Bezeichnung handelt.

Das Bistro, das wahre Bistro zeichnet sich dadurch aus, dass es zu den unterschiedlichsten Zeiten zur Verfügung steht: Es ist vom Morgen bis in den Abend, bereits recht früh und noch recht spät, in jedem Fall aber durchgehend geöffnet.

Für Lokale, die einen bestimmten geografischen Ursprung reklamieren und dies in einer entsprechend begrenzten Speisekarte zum Ausdruck bringen, kommt die Bezeichnung Bistro jedoch nicht in Betracht. Dies gilt zum Beispiel für die bretonischen Crêperien am Gare Montparnasse, von denen man – schenkt man naiv ihren lauter unterschiedliche Herkunftsorte heraufbeschwörenden Schildern Glauben (Fouesnant, Beg-Meil, Douarnenez, Pont-Aven ...) – sogar meinen könnte, dass sie jeweils unterschiedliche Produkte anbieten, aber auch für die vielfältigen asiatischen Restaurants: Chinesen, Japaner, Thailänder, Koreaner, Kambodschaner, Inder oder Pakistaner. So hervorragend sie mitunter sind, um Bistros handelt es sich nicht. Nicht aufgrund ihres Ursprungs, sondern weil ihr Angebot an Speisen von vornherein durch eine lokale Tradition beschränkt wird. Es gibt berühmte Crêperien, und chinesische wie japanische Restaurants sind den Parisern sowohl in luxuriösen als auch in unzähligen einfachen Varianten zunehmend vertraut. Man geht zum Beispiel gerne in das kleine chinesische Ecklokal, doch so familiär – und insofern bistroartig – es dort wenigstens zu den Essenszeiten zugehen mag, nie betritt man es, weil man ein Gläschen trinken möchte; es behält schon allein aufgrund der räumlichen Anordnung etwas Exotisches: Statt eines Tresens erstreckt sich eine Vitrine in den Raum – im rechten Winkel zur Straßenfront, um den Kundenverkehr zu erleichtern –, in der die Tagesgerichte zum Mitnehmen oder zum sofortigen Verzehr bereitstehen. Das Fehlen eines Tresens ist ein getreuer Ausdruck des Verzichts auf den Anspruch, ein Bistro zu sein.

Auch die französischen Bistros sind nicht abgeneigt, einen regionalen Ursprung zur Schau zu stellen, ganz im Gegenteil. Die *Bougnats* – aus dem Massif central stammende Kohlenhändler, die in ihren Lagern und Schenken Rotwein anboten – gehören heute zur Folklore der guten alten Zeit, aber noch immer stammen die Betreiber vieler Hotels und Cafés in der Stadt ursprünglich aus dem Aveyron und halten dies hoch. Und dann sind da die Namen: Au Petit Sancerre, Le Trou normand, L'Aquitaine, La Bourgogne, Le Relais breton ... Lauter Schilder, die eine authentische Schlemmerei versprechen, in der sich der Geschmack eines Weines oder Schnapses mit dem Duft einer raffinierten Spezialität vermählt. Wenn man in eine traditionelle Brasserie geht, kann man nahezu sicher sein, dass dort Blutwurst mit Äpfeln und Kartoffeln oder Kalbskopf mit Sauce gribiche, ein Frikassee oder Sauerkraut angeboten werden. Die Biermarken mögen deutsche sein, aber die Anbaugebiete der Weine, über die die Karte minutiös Auskunft gibt, liegen mehrheitlich in Frankreich. Die Brasserien sind sich sicher genug, die Tradition zu verkörpern, um mit Nachdruck ihren Anspruch auf Präsenz in einem bestimmten Pariser Stadtteil geltend zu machen, den sie, an der Kreuzung mehrerer Hauptverkehrsadern gelegen, durch ihren Namen sogar zu symbolisieren behaupten: La Rotonde, Le Canon de Grenelle, Le Canon de la Nation, Le Canon des Gobelins ...

Tatsache ist, dass das Wort »Bistro« eine unmittelbare Sympathie transportiert, bei der es auf eine allzu strenge Definition nicht ankommt. Eine solche Definition liefe Gefahr, die Wirklichkeit zu verstümmeln, die in dem Wort zusammenströmt. Doch worin besteht seine Kraft? Welche Bedürfnisse weckt es in uns – Bedürfnisse, die sich vielleicht eher unbewusst ausdrücken, wenn wir uns in einem Bistro verabreden, einen Freund fragen, ob er Zeit für ein Gläschen im Bistro gegenüber hat, oder uns zu einem Abendessen in einem Bistro in der Nachbarschaft entschließen? Es scheint, als ob bereits der Gebrauch des Wortes an sich die Garantie wäre, dass der Lokalbesuch in Nachbarschaft der Wohnung oder des Arbeitsplatzes gesellig, angenehm und belebend wird.

Erinnerungen

Jugendjahre

Alleine ins Bistro zu gehen, war in meiner Jugend eines der ersten Zeichen von Unabhängigkeit, in denen sich das nahende Erwachsenenalter ankündigte. An der Erinnerung an meine ersten Bistrobesuche haftet bis heute der Geruch des Verbotenen: Als Neuntklässler am Lycée Louis-le-Grand liefen wir nach Schulschluss zu zweit oder dritt eilig die Rue Saint-Jacques hinunter, um uns im Keller eines – heute verschwundenen – *Bougnat* in der Rue des Fossés Saint-Jacques dem Vergnügen des Tischfußballs zu überlassen; die Wirtin empfing uns mit einer Miene der Komplizenschaft und servierte uns Limonade. Das leicht verspätete Eintreffen zu Hause (wir waren keine Draufgänger und beeilten uns) veranlasste mich zu meinen ersten Verdrehungen der Wahrheit. Die Erwachsenen, die sich im Schankraum ein paar Gläser Rotwein genehmigten, gaben diesen Ausflügen etwas Ausschweifendes, das mich dazu nötigte, den Mantel des Schweigens um sie zu hüllen. Etwas später, mittlerweile in der 11. Klasse des philosophischen Zweigs angekommen, eilten wir dieselbe Rue Saint-Jacques meist eher hinunter, um uns in ein kleines – heute ebenfalls verschwundenes – Bistro nahe der Seine zu stürzen, wo wir unserem Lieblingssport frönten und gleichzeitig davon träumten, diesen Ort zum Hauptquartier einer literarischen und philosophischen Bewegung zu machen, dessen Begründer wir sein würden.

Die Vorbereitungsklassen am Lycée Louis-le-Grand für das geisteswissenschaftliche Studium an einer Eliteuniversität waren für ein Bistro-Leben eher ungünstig: zu streng und anspruchsvoll, wenigstens für Schüler wie mich, die unterschwellig von Erfolgsdruck und Versagensangst gepeinigt wurden.

Eines Tages zeigte mir der Maler Philippe Levantal, der seine Berufung bereits gefunden hatte und es mit der Vorbereitungsklasse am Lycée Henri-IV daher weniger ernst nahm, auf dem Place Saint-Sulpice eine schillernde Figur – schwarzer Anzug, üppiger weißer Haarschopf –, die an einem Tisch vor dem Café de la Mairie saß: »Sieh mal, der Dichterfürst!«, bedeutete er mir im Tonfall der Selbstverständlichkeit. Es gab also ein Leben jenseits der Mauern des Lycée Louis-le-Grand, ein wahres Leben, in dem sich die Poesie vor den Bistros einfand. André Breton schien an jenem Tag stolz und einsam Wacht zu halten, und wenn ich mir dieses Bild, das sich binnen Sekunden in mein Gedächtnis brannte, heute vor Augen führe, kommt es mir vor, als illustriere es in eigentümlicher Weise das Prinzip, das er in *Die kommunizierenden Röhren* – neu aufgelegt in eben jenem Jahr 1955 – begründet hatte: die grundsätzliche Ununterscheidbarkeit von Traum und Wirklichkeit

Etwas später, 1957, lernte ich durch unseren Jahrgangsbesten Bernard Lortholary im Moineau in der Rue Guénégaud Barbara kennen. Im Jahr darauf sang sie im L'Écluse, das bis heute existiert, wo aber niemand mehr singt und wo ich auch nie zu ihren Auftritten ging. Heute schaue ich dort gelegentlich vorbei, um ein Glas zu trinken und mich der Illusion einer Beinahe-Erinnerung hinzugeben.

Daneben frequentierte ich, wie meine Mitschüler, die zwei Stammcafés der ehrwürdigen École normale supérieure in der Rue d'Ulm, das Piron und vor allem das Guimard, eine Brasserie, in der man auch Konzepte und Theorien braute, während man sein Landbrot aß. Sie waren die offiziellen Stützpunkte für den Snobismus der Elitestudenten. An einem Abend – es war 1960, meine ich – kam Sartre in die École, um einen Vortrag zu halten. Später zogen alle weiter ins Guimard. Da ich vom Fach her kein Philosoph war, trank ich mein Bier mit einem gewissen Abstand zu der Gruppe und beäugte die Szenerie. Ich meinte zu sehen, wie sich Sartre, Hyppolite und Althusser zuprosteten, während sich daneben Simone de Beauvoir einen jungen Studenten der École vorstellen ließ, der eine hübsche Zukunft als Philosoph vor sich hatte. Diese Bilder sind mir im Gedächtnis geblieben; sie dokumentierten in meinen Augen eine Art Staffelübergabe, auch wenn die Protagonisten selbst ihnen vielleicht gar keine solche Bedeutung beimaßen.

Aber ich schätzte auch die Croissants, die in einem Café in der Rue Claude-Bernard serviert wurden, sowie ein anderes Café auf der gegenüberliegenden Straßenseite, das, wie einige von uns bemerkten, von jungen Frauen aus dem algerischen Oran frequentiert wurde, an denen wir rasch Gefallen fanden. Wir, das heißt drei oder vier Kameraden, die sich durch einen Caféwechsel das Gefühl verschafften, eigene Wege zu gehen, um sich dem Privatleben zu widmen. Nachdem wir schon zu lange die Lycée-Bänke gedrückt hatten, entdeckten wir, vielleicht etwas später als andere, die Freuden der Unabhängigkeit.

Später führten uns unsere Wege in alle Himmelsrichtungen; ich gehöre zu denen, die schließlich nach Paris zurückfanden.

Aufgewachsen bin ich nahe der Place Maubert im Quartier Latin. Meine Eltern gingen nicht in die Bistros in unserem Viertel. Schon das Wort »Bistro« war von Vulgarität befleckt. Ins »Café« zu gehen, das sollte für sie eine gehobene, seltene und feierliche Zeremonie bleiben, die sich am Jardin du Luxembourg oder den Champs-Élysées und grundsätzlich am Sonntag-, allenfalls noch am Samstagnachmittag abspielte. Unten bei uns im Haus gab es ein großes Bistro, aber es wäre anrüchig gewesen, zu seinen Gästen zu zählen. Eine bunte Mischung aus Obst- und Gemüsehändlern, Lieferanten und Schlachtergesellen traf sich dort, alles Leute, die früh aufstanden und nicht abgeneigt waren, sich morgens mit einem Schnaps oder einem Glas Rotwein aufzuwärmen. Eine einzige Ausnahme mag es bei den elterlichen Konventionen gegeben haben: In den Vierzigerjahren musste man von Zeit zu Zeit Kohlen für Herd und Ofen bestellen; unser Kohlenhändler, der auch ein Bistro betrieb, befand sich in einer kleinen Seitenstraße des Boulevard Saint-Germain, und ich würde nicht beschwören, dass mein Vater bei seinen Bestellungen nicht bisweilen die Einladung auf ein Gläschen annahm.

Seit meiner frühen Kindheit wurde mir auf diese Weise eine Unterscheidung beigebracht: die zwischen den Bewohnern der oberen Etagen (das anständige Kleinbürgertum, das am Boulevard Saint-Germain wohlhabender war als an der Rue Monge) und den Leuten von unten, die von anderswo kamen, aber tagsüber die Straßen und ihre Bistros bevölkerten. Das Hochparterre unseres Mietshauses bildete eine Zwischenzone. In den kleinen Wohnungen, die es beherbergte, lebten häufig Ladenbesitzer oder ihre Angestellten, potenzielle Kundschaft für das darunter gelegene Café.

Küstenschifffahrt

Meine Jugend – geprägt von der damaligen Zeit, meiner sozialen Herkunft und meinem Temperament – ähnelte einer umsichtigen und ehrgeizigen Navigation zwischen voneinander getrennten Inseln, einer Küstenschifffahrt im Archipel der Postadoleszenz – die Vorbereitungsklasse, die École normale supérieure und der Militärdienst bildeten jeweils ein eigenes Universum: Schied man aus ihm aus, begann ein neues Leben; man verlor Kameraden, Freunde entfernten sich; man suchte sich neue. Nach der Rückkehr aus Algerien beendete ich meinen Militärdienst in Rambouillet – eine kurze, kaum zwei Monate dauernde Phase, in der ich mich orientierungslos fühlte, zum einen weil ich mit Leuten zu tun hatte, die jünger waren als ich und die mir nach den Erfahrungen, die ich gerade gemacht hatte (gewiss eher als Zeuge denn als Akteur, und als ein sehr partieller Zeuge, aber endlich hatte ich das Bewusstsein, ein Stück Geschichte erlebt zu haben), etwas oberflächlich schienen, und zum anderen, weil ich, kurz vor der Entlassung stehend, an den neuen Kameradschaften, die sich anboten, kein wirkliches Interesse verspürte. Wie die anderen ging ich häufig in ein lautes und belebtes Bistro, dessen Jukebox von ein paar monomanischen Musikfans gefüttert wurde; pausenlos wurden dieselben Platten gespielt, und ich höre noch heute die Stimme von Dalida, die den Refrain eines damaligen Hits singt: »Sag mir, wo die Blumen sind / Wo sind sie geblieben? / Sag mir, wo die Blumen sind / Was ist geschehen?«. Diese melancholische Nostalgie passte damals zu meiner geistigen Verfassung.

Das Bistro, seine Jukebox und Dalida sind tatsächlich die einzigen Erinnerungen, die mir von meinem Aufenthalt in Rambouillet geblieben sind.

Meine Fahrt führte mich sodann in den Osten von Paris, in die Nähe der Porte Dorée, wo ich zwei Jahre lang am Lycée Paul Valéry unterrichtete. Auch dort durchlebte ich noch eine Übergangsphase; obwohl ich meine Kollegen und Schüler schätzte, war ich in Gedanken woanders, in Afrika, wohin ich eines Tages als Ethnologe aufzubrechen hoffte. Doch während ich darauf wartete, versuchte ich gleichwohl Wurzeln zu schlagen; ein Kollege half mir dabei, indem er mir in einem Bistro an einem der äußeren Boulevards rudimentär das Billardspielen beibrachte. Ich war nicht besonders geschickt, aber es bereitete mir Vergnügen, den richtigen Winkel für den Stoß zu suchen und mich an der Technik zu versuchen, die weiße Kugel zurücklaufen zu lassen; das kräftige und sonore Klackern der aufeinanderprallenden Kugeln wurde mir schließlich zu einem vertrauten Klang, den ich mit Freude hörte, wenn ich die Tür zum Bistro aufstieß.

Das Seminar

Als ich 1970 aus Afrika nach Paris zurückkehrte, begann für mich eine lange Phase beruflicher Beständigkeit an der École des hautes études. In räumlicher Hinsicht war sie allerdings weniger beständig, da wir allenthalben umziehen mussten: Die Zuteilung der Seminarräume änderte sich oft, was auch einen Wechsel der Bistros nach sich zog. Tatsächlich war das Bistro die natürliche Verlängerung des Seminars. Dort fanden sich alle ein, Kollegen wie Studenten, die Zeit und Lust hatten, die Diskussion fortzusetzen oder eine neue zu eröffnen. Es gab zwei Arten von »Anbauten«, wie wir sie nannten: Die einen waren eine Erweiterung der Büros oder machten deren Mangel wett (die Bar Lutétia zum Beispiel bot einigen Dozenten ein außergewöhnlich luxuriöses Refugium), die anderen dienten als zusätzliche Seminarräume. Letztere waren über diverse Arrondissements von Paris verstreut, mitunter weit entfernt vom Hauptsitz der École, und ich meine behaupten zu können, dass zwischen der Qualität der Seminare und der der Bistros ein

Zusammenhang bestand. Manche Lokale eigneten sich besser als andere für unsere redseligen, fröhlichen und beschwingten Zusammenkünfte. Diese vertrugen sich nämlich nur schlecht mit dem hektischen und nervösen Rhythmus bestimmter Etablissements (von dem heute fast alle infiziert sind), in denen man den allzu gemächlichen Gast drängt, seinen Platz für das Mittags- oder Abendgedeck zu räumen.

Der Vollständigkeit halber füge ich hinzu, dass ich in der Umgebung meiner Pariser Domizile – vielleicht um mir zu beweisen, dass ich mich vom Geist meiner Eltern gelöst hatte – stets nach den schlichten Bistros der Anwohnerschaft gesucht, mich letztlich für die »unteren« Bevölkerungsschichten interessiert habe und dass mir ausländische Großstädte in dem Maße nah und vertraut sind, wie sie ein Pendant zu den Pariser Bistros bieten.

Ich höre schon die gespielt empörten, ironischen Fragen: Ihr Leben hat sich also auf ein paar Trinklokale beschränkt? Worauf ich ungerührt antworte: Die Bistros (nicht alle, aber manche, und ich würde gern einmal ergründen, was genau die einen von den anderen unterscheidet) haben sich mir, wie Handleser sagen würden, als eine Lebenslinie eingeschrieben. Die Lebenslinie zeichnet sich in der Handfläche mehr oder weniger deutlich ab, manchmal ist sie klar und gerade, manchmal an einigen Stellen eher undeutlich. Nun gut, spinnen wir die Metapher weiter und betrachten unsere Vergangenheit wie eine geöffnete Hand, aber eine etwas eigentümliche, in der man mehrere Lebenslinien lesen kann; die Linie der Bistros ist eine von ihnen. Natürlich gibt es auch andere, jeder kann sie sich aussuchen: die Linie der Landschaften, die Linie der Gesichter, die Linie der Lieder, die Linie der Reisen. Die Liste ließe sich fortsetzen. Und ich vergesse keineswegs, dass es auch die Kopflinie und die Herzlinie gibt. Doch auf der Hand der Vergangenheit, meiner metaphorischen Hand, verläuft die Linie der Bistros quer hinüber und schneidet alle anderen.

Die Raum-Zeit des Bistros

François

Oft antwortet das Bistro auf ein äußerst merkliches und drängendes Bedürfnis nach Kontakt. Das Altern birgt die Gefahr wachsender Einsamkeit; ein morgendlicher Blick in irgendeine Pariser Brasserie reicht aus, um zu erkennen, dass die dort schon in aller Frühe am Tresen verweilenden Gäste in erster Linie ein bisschen Gesellschaft suchen. Der Wirt weiß das; mit einer vielleicht etwas bemüht guten Laune und vollendeter Virtuosität widmet er sich der Kaffeemaschine, schenkt aber umstandslos auch das Glas Côtes du Rhône aus, das der kleine Alte – wissend, dass er damit um diese Uhrzeit gegen ein Verbot verstößt – leise, fast flüsternd bestellt hat (»François, einen kleinen Côtes du Rhône!«). François kennt seine Pappenheimer, er hält sich an ihre Sprache und ihre kleinen Scherze. Wie jeden Morgen begrüßt er den kleinen Alten mit einem lauten »Guten Morgen, junger Mann!«, woraufhin dieser zaghaft lächelnd, als Geste des Einspruchs, die Hand hebt – wie jeden Morgen. So jung ist er schließlich nicht mehr, der Alte. »Alles bestens?«, setzt François nach, und der Alte bejaht dies mit etwas festerer Stimme. Ja, ja, alles bestens. Auch viele andere Menschen gehören zu der Kohorte morgendlicher Einzelgänger, die zwischen sieben und zehn Uhr in diesem etwas lauten, aber friedlichen Hafen ankern, bevor sie wieder nach Hause gehen, ihre Runde durchs Viertel fortsetzen oder das Weite suchen: junge Führungskräfte, alleinstehende Männer, die einen Kaffee und ein Croissant bestellen, die Zeitung durchblättern und nach einem Blick auf die Uhr in der nächsten Metrostation verschwinden oder in den Bus springen; eine Mutter mit ihrer Tochter, einer Grundschülerin – eine Stammkundin, die über die heiße Schokolade der Kleinen wacht (welche sich ebenfalls routiniert verhält: »Morgen, François, wie geht's?«), bevor sie zur Arbeit geht; ein oder zwei Rentner, die alle Zeit der Welt haben und ein paar Minuten verbummeln, während sie darauf warten, dass ein Exemplar des *Parisien* oder der *L'Équipe* frei wird. So sieht ein gewöhnlicher Morgen in einer Pariser Brasserie aus, irgendwo an einer Kreuzung zweier Hauptstraßen und mehrerer Bus- und Metrolinien gelegen, die einen Teil der Anwohnerschaft und der regelmäßigen oder sporadischen Gäste der zahlreichen Cafés und Restaurants weg- und wieder zurückbefördern. Später folgen andere Wellen:

am Mittag natürlich und gegen sieben Uhr abends, wenn die übrig gebliebene Stammbelegschaft des Tresens auf Gäste treffen, die früh abendessen oder einen Aperitif trinken wollen – angelsächsische Touristen, die neugierig auf ein authentisches Pariser Lokal sind, Familien, die einen Geburtstag feiern, lächelnde Pärchen oder Gruppen von Freunden – und ein paar Einzelgänger, die ein wenig dem Gemurmel der anderen lauschen.

Mittags lässt der Betrieb am Tresen nicht nach, im Gegenteil. François fordert in der Küche Schinkensandwichs (mit oder ohne Gürkchen?) und ein paar Tagesgerichte an; er scheint sich zu Stoßzeiten, wenn die Bestellungen von Apéros, geschwind zubereiteten Gerichten und Kaffee zunehmen und bunt durcheinander gehen, noch zu steigern. Die drinnen und draußen umherwuselnden Gäste werfen ihm beiläufig die Bestellungen zu, die auszuführen seine einzige Bestimmung ist: »Zwei Espresso und zwei Kaffee!« Wenn die Bestellungen überhand nehmen, legt der Chef selbst mit Hand an. Abends kümmert sich dann ein anderes Team darum. Flankiert von Tischtüchern und Stoffservietten macht der Service nun einen vornehmeren Eindruck. Die eigentliche Zeit des Bistros ist vorbei.

Was macht ein Bistro aus? Zuallererst der Tresen: die Theke, an der die alten Stammgäste lehnen und vor der – etwas steifer, weniger entspannt – die Durchgangskunden stehen, die es zu eilig haben, um sich hier oder draußen zu setzen. Der Tresen ist das Nervenzentrum der schlichten Kneipe, bildet aber auch im etwas besseren Lokal den Mittelpunkt des Geschehens: An die Küche grenzend, von der ihn eine Wand mit Durchreiche trennt, zwingt er seine treuen Kunden, den an den Tischen sitzenden Gästen den Rücken zuzuwenden. Ihr Blick verliert sich in den Spiegelungen der Aperitif- und Digestifflaschen, die auf ihren Regaletagen aufgereiht sind. Müsste ich nicht befürchten, damit ein übermäßig ausgeprägtes religiöses Empfinden zu verletzen, dann würde ich beinahe die Behauptung wagen, dass François eine Art Priester ist, der, an der Kaffeemaschine stehend, seinen Gottesdienst mit dem Rücken zur Gemeinde hält und sich ihr, am Zapfhahn stehend, nur dann zuwendet, wenn er sie dazu einladen will, das Abendmahl in beiderlei Gestalt zu empfangen.

Am Tresen wird das Tagesgeschehen verfolgt. An der Seite läuft ein in der Höhe befestigter Fernseher, aber ohne Ton. Morgens kommt es vor, dass François ihn einen Moment lauter dreht, auf ausdrücklichen

Wunsch eines Stammgastes, der sich für die Nachrichten – meist den Sport – interessiert. Die Informationsbrocken lösen bedeutungsschwangere Seufzer und Spötteleien unter Eingeweihten aus, deren Sympathien für Olympique Marseille oder Paris Saint-Germain in ihrem sehr kleinen Kreis bekannt sind. Hier herrscht eine entspannte, gänzlich apolitische Atmosphäre, in der man sich allenthalben behäbig durch den Kakao zieht. Gleichwohl ist dies ein Raum, in dem jeder bei Gelegenheit das Wort ergreift und in dem ein Gespräch immer möglich ist, also ein gewissermaßen öffentlicher Raum, auch wenn die Gäste an den Tischen ein oder zwei Meter weiter zwar gelegentlich ihre unmittelbaren Nachbarn belauschen, aber ansonsten so tun, als würden sie sich gar nicht kennen.

Musik

Die höchste Form des Bistros ist das *Bureau de Tabac*, eine Bar inklusive Tabakgeschäft, in der man seine Dreierwette abgibt oder Lotto spielt. Im Fieber der lebhaften Äußerungen, des Austauschs von Tipps und der Kommentare aller Art lässt sich rund um den Tresen, an den man zu Stoßzeiten kaum vordringen kann, das hektische Getöse einer ungeduldigen Armut vernehmen. Hier wird der Tresen von den neuesten Meldungen überschwemmt. Nur ein paar Einzelgänger meditieren still über ihrem Bier, jede Konzentration ist unmöglich – das genaue Gegenteil einer vornehmen Bar, in der man die Ruhe des Gastes und seine Nachdenklichkeit respektiert, zu der ihn das mit ernstem Blick musterte, angehobene Glas Whiskey anzuregen scheint, bevor er es mit entschlossener Geste für einen letzten Schluck an seine Lippen führt.

In nobleren Lokalen, wie der Closerie des Lilas oder dem zwischenzeitlich für Renovierungsarbeiten geschlossenen Hotel Lutétia, hat man die Bedeutung eines gewissen Arrangements verstanden: Die (ganz überwiegend männlichen) Gäste, die an der Bar lehnen (eine vornehmere Bezeichnung als Tresen oder Theke), wollen entweder ihr betont vertrautes Verhältnis zu ihrem Lieblingswirt auskosten oder aber einsam schweigend trinken. In beiden Fällen wissen sie sich von einigen Neulingen beobachtet, die von der Beleuchtung des Lokals und den Gerüchten über seine Berühmtheit angezogen wurden. Es sind nicht immer die größten Wichtigtuer, die am »prominentesten« sind, sondern oftmals die, die sich in ihrer Nähe bewegen, um von deren Wirkung zu profitieren: Eine Luxusstrategie, die vor Einsamkeit bewahrt, indem man – und sei es mithilfe eines Tricks – im Blick der anderen existiert.

Die Musik bildet in diesem Kontext offenkundig ein Element sozialer Distinktion. Doch die Piano-Bar unterhält zu ihr ein widersprüchliches Verhältnis: Die Ohrwürmer, die der Pianist zum Leben erweckt, wenn er seine Finger flüchtig, beinahe wie eine Liebkosung, über die Tasten streicheln lässt, funktionieren in einer Art Andeutung. »Beachten Sie mich nicht«, scheinen sie zu säuseln, »tun Sie so, als wäre ich gar nicht da …«. Und tatsächlich, von den *Feuilles mortes* zu *La vie en rose*, *As time goes by*, bis der sich beharrlich wiederholende Refrain einsetzt, die Vorführung grenzt an ein Wunder. Es besteht darin, dass nur für eine einzige Person gespielt wird, dies jedoch an einem gut gefüllten öffentlichen Ort, an dem jeder innerhalb des Bruchteils einer Sekunde eben dieser einsame und privilegierte Zuhörer werden kann und darin, dass Musik allein dafür gespielt wird, nicht gehört zu werden und die Gespräche nicht zu stören, aber jeder Einzelne die Chance auf eine anonyme, einzigartige und intime Anerkennung bekommt – eine kurze Begegnung, die manchmal durch den Austausch eines Lächelns oder durch einen Geldschein bekräftigt wird, den man in den für alle Fälle auf dem Flügel bereitstehenden Teller legt. Der Pianist der Piano-Bar ist eine Art stumme Replika des Barkeepers, der, mit Shakern und Eiswürfeln jonglierend, durch ein paar Worte und ein bisschen Lachen seine Verbundenheit mit der Elite der Gäste bekundet. Diskret und beinahe unbeweglich, ein paar Meter von der massiven Bar entfernt hinter seinem Klavier sitzend, das sich von dieser abgelöst zu haben scheint wie ein kleiner Eisberg vom Packeis, wirkt der Pianist wie ein einsamer Bär. Aber in einer sich ergänzenden Weise sichern Barkeeper und Pianist diesen gehobenen Orten des *Parisianisme* eine Art gedämpfte und heimliche Magie, die, von einer vagen Nostalgie unterstützt, für einige Momente ihre Vergangenheit als Bistro wieder aufleben lässt.

Von dieser Atmosphäre war man mit der alten Jukebox, die sich in einigen wenigen Tabakbars bis heute findet, weit entfernt, und noch weiter ist man es heute mit den Strömen von Konservenmusik, von denen die meisten Pariser Bistros wohl annehmen, es sei ihre Pflicht, mit ihnen die Ohren der Gäste zu fluten. Für die Bitte an den Wirt oder einen seiner Angestellten, die Musik etwas leiser zu stellen, braucht man heutzutage eine Menge Fingerspitzengefühl, ja beinahe Mut. Die Mehrheit der Gäste hat sich offensichtlich zu sehr an den Lärm gewöhnt, als dass sie Stille ohne das Bedürfnis ertragen könnte, sie sogleich »auszufüllen«, und sie giert zu sehr nach äußeren Eindrücken – selbst wenn sie illusorisch sind –, um nicht überall nach Bildern zu suchen. So kommt es in vielen Bistros zu demselben Schauspiel: zu einem seltsamen Ballett gespenstischer Figuren, die sich kreuz und quer über die Mattscheibe eines stummgestellten Fernsehers bewegen, ohne die hartnäckig auf den gefesselten, bezwungenen oder resignierten Kunden einhämmernden Rhythmen zu kennen.

In manchen Brasserien ermöglicht die Koexistenz eines Thekenbereichs und des übrigen Raums oder der Außentische einen Kompromiss: Die Musikströme werden zwar meistens vom Tresen aus gesteuert, ergießen sich aber dank ausgeklügelter Aufstellung der Boxen vor allem über die an den Tischen sitzenden Gäste. Der – aufs Bild reduzierte – Fernseher wiederum zieht umherschweifende Blicke an, die allerdings nur kurz bei ihm verweilen. Dank dieser Übereinkunft können die Getreuen des Bistros unter sich bleiben; sie klammern sich an den Tresen als ein letztes Bollwerk des Gestern, das von den Hits und Bildern von heute belagert wird.

Ein Ort der Konventionen

Der Tresen bildet das Zentrum eines Raumes, der, wie die Musik der Piano-Bar, niemandem gehören und doch jedem seinen Platz bieten soll. Ich kenne ein Bistro, dessen Eigentümer ständig wechselt und das trotz der gastronomischen Bemühungen und Werbemaßnahmen der aufeinanderfolgenden Betreiber keine Stammkundschaft findet. Offenbar ist keinem von ihnen aufgefallen, dass der Tresen – in einem relativ kleinen Raum – an der hinteren Wand erdrückend wirkt. Der Wirt steht davor oder dahinter, mit einem Angestellten und am Tag der Eröffnung mit ein oder zwei Freunden, sodass man beim Betreten der kleinen Stube trotz der ansprechenden Einrichtung ein wenig den Eindruck hat, vor einem Tribunal zu stehen, in jedem Fall aber ungeachtet des freundlichen Empfangs die stille Gewissheit verspürt, zu stören. Das Bemühen, Platz zu sparen, führt zu einer Teilung des Raums, die jede aufkeimende Beziehung von vornherein zunichtemacht. Denn wie unbewusst, illusorisch oder oberflächlich das Bedürfnis nach Kontakt in dieser Umgebung auch sein mag, es treibt nicht nur einsame Menschen dazu, das Bistro zu betreten und eine Weile zu bleiben, sondern auch die, die zu zweit kommen, als Freunde oder Liebespaar, und selbst die, die nicht unbedingt unter Einsamkeit leiden, sondern ein Plätzchen zum Arbeiten oder Nachdenken suchen: Sie alle haben das Bedürfnis, zwischen An- und Abwesenheit zu changieren, sich wie zu Hause und zugleich auswärts zu fühlen, aufgenommen und nicht weiter beachtet zu werden.

Der wahre Bistrowirt (der manchmal selbst als »Bistro« tituliert wird) besitzt diesbezüglich ein feines Gespür, aber er braucht einen Raum ohne scharfe Unterteilungen, behutsam abgestuft und voller Übergänge, der niemanden in Beschlag nimmt und niemanden ausschließt. Was in einem luxuriösen Etablissement denkbar ist, das ein Teil der Gäste aufgrund von Standesdünkel frequentiert und in das man geht, um die Distanz zu erleben, die einem seine Privilegien aufzwingen, ergibt keinerlei Sinn im alltäglichen Universum des Bistros, wo die von manchen zur Schau gestellte Vertrautheit von anderen sogleich als Ausgrenzung oder mehr noch: als unzulässiges Eindringen des Privatlebens in einen öffentlichen Raum empfunden wird.

Das Bistro ist ein konventioneller Ort, um es mit einem mehrdeutigen Adjektiv zu sagen, das vorhersehbare, stereotype, gängige Einstellungen bezeichnet, aber auch auf die Existenz einer »Konvention«, einer kollektiven Übereinkunft, hindeutet. Im Fall des Bistros handelt es sich um eine stillschweigende Übereinkunft; ihre implizite Dimension geht weit über die gesetzlichen Bestimmungen – beispielsweise zum Mindestalter für den Alkoholkonsum – hinaus.

Alles in allem finden im Raum des Bistros kaum Regelverletzungen statt; es ist durchaus bemerkenswert, dass offenbar alle die Anwesenheit ihres Nachbarn respektieren und sich zum Beispiel umstandslos an eine von außen durchgesetzte Auflage wie das Rauchverbot halten. Dies wurde mitunter durch mehr oder weniger raffinierte Umbauten erleichtert (etwa durch die Überdachung und strikte Abtrennung des Außenbereichs). Am bemerkenswertesten aber war eine durch das Rauchverbot ausgelöste Neueroberung des Raumes. Dass Italien bei dieser Regelung ein Vorreiter war, hat teilweise für Erstaunen gesorgt, doch man muss bedenken, dass das dortige Wetter eine intensivere und systematischere Nutzung der Straßen vor den Lokalen erlaubt als in nördlichen Ländern. Jedenfalls sind viele Menschen in Frankreich wie auch im übrigen Europa dem Beispiel der Italiener gefolgt und haben im Rauchverbot in den Gaststätten die Möglichkeit einer neuen

Form der Geselligkeit entdeckt. Die Raucher entschuldigen sich freundlich und bitten ihre Tischnachbarn, aufstehen zu dürfen, um nach draußen zu gehen. Dort begegnen sie sich und fangen manchmal ein Gespräch mit den temporären Exilanten von den Nachbartischen an. So verwandelt sich der Bürgersteig zeitweilig in einen öffentlichen Platz, während man am Tisch die zurückkehrenden Raucher, deren Abwesenheit mit einer Essenspause vor dem Salat oder dem Käse zusammenfiel, wieder gut gelaunt aufnimmt. Dadurch werden drinnen wie draußen privatere Gespräche erleichtert; die Stimmen ändern manchmal ihren Ton, um etwas Vertrauliches oder Neuigkeiten auszutauschen, die für die anderen nicht von Interesse sind. Mit etwas Geschick fügt sich das Kommen und Gehen der Raucher in das Ballett der Kellner ein, anstatt ihnen die Arbeit zu erschweren. Abermals stellt sich die Qualität des Lebens und der Beziehungen zwischen den einen und den anderen durch einen flexiblen und effektiven Umgang mit Zeit und Raum her. Wer kurz den Tisch verlässt und zurückkommt, unterstreicht die Mehrdeutigkeit der gesamten Anordnung – eine räumliche (innen/außen) wie zeitliche (Pause/Bewegung) Mehrdeutigkeit, durch die das Bistro seinen Charme im emphatischen Sinne des Wortes entfaltet.

Ein Raum in Bewegung

»Gehen wir ein Glas trinken?« Auf diese Frage zu antworten (oder sie zu stellen), heißt von vornherein einer eigentümlichen Anziehungskraft zu erliegen, einer Neigung, die einen (sofern man die Wahl hat) eher zu diesem als zu jenem Bistro treibt und, dort angekommen, sogar eher an den einen als an den anderen Platz. Solche Vorlieben für bestimmte Orte sind wichtig, bietet das Alltagsleben doch kaum Gelegenheit, ihnen nachzugehen; das Bistro hingegen ist in dieser Hinsicht unter günstigen Bedingungen geradezu ideal. In der Brasserie, in die ich häufig gehe, habe ich einen Mann bemerkt, der jeden Morgen am selben Tisch sitzt, an einem besonderen Platz (mit Blick auf den Tresen, den Raum und die Außentische), und den Internet-Anschluss des Lokals (kostenloses WLAN) nutzt, um seine Post zu beantworten oder am Computer zu arbeiten. Ein Forscher? Ein genialer Schriftsteller? Ein Redakteur vertraulicher technischer Berichte? Ich weiß es nicht. Jedenfalls verwirklicht dieser unauffällige Mann das Ideal eines Lebens, in dessen Mittelpunkt eine bestimmte Tätigkeit an einem festgelegten Ort steht und an dem die implizite soziale Konvention des Bistros voll zur Geltung kommt: Ein kurzes Zeichen in Richtung Tresen genügt, und man bringt ihm seinen dritten morgendlichen Kaffee oder, gegen Mittag, ein kleines Bier mit üppigem Schaum und einen Schinkensandwich, von dem er einen Bissen nimmt und langsam kaut, während er sein Morgenwerk noch einmal liest.

Über Hemingway heißt es, während seiner Zeit in Paris habe er im Winter schon vom Morgen an in Bistros, besonders in der Closerie, Zuflucht gesucht, weil es dort warm war. Für ihn war das Bistro zugleich ein behagliches, mitunter geselliges Zuhause, ein Büro zum Arbeiten und ein Salon, in dem er Gäste empfing.

Ein ideales und fragiles Gleichgewicht zwischen unterschiedlichen Räumen; der Verkehr der Kellner und Kellnerinnen, die mit mehr oder weniger Talent, Gewandtheit und Schlagfertigkeit ihren Aufgaben nachgehen; die seltenen Besuche des Eigentümers, der gelegentlich vorbeikommt, um diesen oder jenen Stammgast zu begrüßen – wenn die Räder gut geölt sind, funktioniert die Maschine reibungslos, selbst während der Stunden jenes doppelten Rhythmus, den die Koexistenz von Café und Restaurant heute oftmals erzwingt. Ein Schiff hat seinen Kapitän, das Bistro seinen Wirt, einen mehr oder weniger sichtbaren Dirigenten, dessen Know-how aber wesentlich ist für die Harmonie des Ganzen, für die potenzielle Quelle eines Gefühls von Behaglichkeit und Frieden; eines Gefühls, das sich sogleich des eilig hineinspazierenden Gastes bemächtigt, der zu seiner eigenen Überraschung ein ganzes Weilchen bleibt, nur um den Genuss einer unverhofften Atempause länger auszukosten.

Bistros sind größere oder kleinere Unternehmen, und manche Gastronomen besitzen gleich mehrere Lokale. Neben dem jovialen und redseligen Wirt des kleinen Bistros, der beim Spülen selbst Hand anlegt und mit seinen Gästen diskutiert, während er mit energischer Geste die Gläser trocknet – er scheint sich nie von seinem Geschirrtuch zu trennen, das ihm, wenn er es gerade nicht braucht, wie ein militärisches Ehrenzeichen über der Schulter hängt –, hat der Inhaber einer großen Brasserie eine ganz andere Präsenz: leiser, diskreter, aber nicht weniger aufmerksam. Manchmal delegiert er einen Teil seiner Verantwortung an einen oder zwei Stellvertreter, deren Rang man an der eleganten Kleidung und der fehlenden Schürze erkennt.

In jedem Fall ist ein gutes Klima zwischen allen, die in der einen oder anderen Funktion im Bistro arbeiten, die Gewähr für das Wohlbefinden der Gäste, während umgekehrt schon die kleinste Gereiztheit zwischen den Kellnern oder aufseiten des Chefs ihr äußerstes Unbehagen hervorruft, betrachten sie das Bistro doch vor allem als eine Insel des Friedens.

Was das Bistro ausmacht, ist somit weniger seine Funktion (Café oder Restaurant) als der Raum, genauer: der in Bewegung befindliche Raum – und die Zeit, genauer: der Gebrauch der alltäglichen Zeit, deren freie Gestaltbarkeit das Bistro von morgens bis abends ohne Unterbrechung gewährleisten muss. Die Flauten und Stoßzeiten zu bewältigen, erfordert eine sorgfältige und, im Idealfall, unsichtbare Organisation. Wenn man in einem Bistro, das man nicht kennt, aufgefordert wird, gleich zu zahlen, empfindet man das als unangenehm. Im vertrauten Bistro wiederum stört es den Kellner oder die Kellnerin, wenn sie am Ende ihrer Schicht »abkassieren«, also von den Gästen die erwartete Zahlung verlangen müssen.

Die Quelle der Zufriedenheit besteht in einer harmonischen Verbindung von Zeit und Raum. Das ideale Bistro ist eines, wo man sich, je nach Tageslaune, fröstelnd in den Nebenraum flüchten, an den Tresen setzen oder draußen sitzend der Außenwelt stellen kann, überdacht oder unter freiem Himmel (auch dies eine Frage der Laune – und des Wetters). Wenn das erwachte Bedürfnis, ein Glas zu trinken, eine konkrete Möglichkeit der Befriedigung findet (»Es ist gerade ein Tisch freigeworden, Sie bekommen Ihren Stammplatz!«, tuschelt der Kellner verschworen), stellt sich ein Gefühl glücklicher Erfüllung ein, das sicherlich genauso übertrieben wie unverhofft ist, aber sich doch auf die Tatsache stützt, dass bei diesem Besuch – da kann man sicher sein – alles stimmen wird.

Ein Raum der Riten

Wir haben ein Bedürfnis nach oberflächlichen Beziehungen. Die Worte, die man in einem Gespräch wechselt, sind häufig eher deshalb wichtig, weil sie gewechselt werden, als aufgrund ihres Gehalts. Sie sind wichtig dank der schlichten Tatsache, dass sie geäußert, an einen anderen gerichtet werden, selbst wenn dieser dadurch nichts Neues erfährt, genauso wenig wie sein Gesprächspartner aus seiner Antwort. Worte werden ganz bewusst ohne die Absicht ausgetauscht, etwas zu sagen; was zählt, ist der Austausch an sich. Wer sich an den Tresen setzt und das Wetter kommentiert, das zu erwartende Wetter beklagt oder – wenn ihn das Wetter an diesem Tag nicht interessiert – eine Prognose oder einen Kommentar zum Sport, vielleicht sogar einen andeutungsweise politischen Allgemeinplatz wagt, der ergreift nur deshalb das Wort, um zu unterstreichen, dass alles seinen gewohnten Gang geht – ein wenig wie der Tennisspieler, der den Platz betritt und zum Aufwärmen ein paar Bälle schlägt, ohne von seinem Gegner anderes zu erwarten als die vorhersehbaren Aufschläge und Returns. Es genügt, dieser Möglichkeit zu einem rein formellen Austausch aus irgendeinem Grund beraubt zu sein (etwa weil man in ein fremdes Milieu geworfen ist oder in die erzwungene Einsamkeit eines Krankenhausaufenthalts), um einen Mangel zu spüren und ermessen zu können, wie sehr man solchen Austausch braucht.

Man mokiert sich oft boshaft über den Smalltalk am Tresen als Inbegriff fröhlichen Unsinns und selbstgenügsamer Banalität, doch damit unterstellt man ihm einen Anspruch, den er gar nicht hat, und verkennt seinen Charakter. Wenn wir von »Tiefe« sprechen, bedienen wir uns einer Metapher. Tiefe Gedanken, ein tiefschürfendes Denken laden dazu ein, nachzusinnen (Wie kommt er nur auf diese Sachen?), sich den Kopf zu zerbrechen und Fragen zu stellen (Worauf will er damit hinaus?), sich mit starrem Blick in sich selbst zu versenken. Eine solche Haltung ist in einem Bistro zwar nicht undenkbar, aber weder besonders üblich, noch wird sie gemeinhin erwartet. Erwartet werden vielmehr, um bei der Metapher zu bleiben, »oberflächliche« Äußerungen, leichte Worte ohne Folgen, Plaudereien, die weder dem Ernst des Zeitgeschehens noch der Tragik der menschlichen

Existenz angemessen sind. Aber es wäre zweifellos besser, die Metapher aufzugeben und nicht etwa nach dem Charakter »oberflächlicher« Beziehungen zu fragen – die man so nennt, um sie implizit in Gegensatz zu den weniger »oberflächlichen« zu bringen –, sondern genauer: nach dem Charakter der Beziehungen der Oberfläche. Solche Beziehungen zeichnen sich durch eine direkte Begegnung aus; die Oberfläche, um die es dabei geht, ist nicht die des Themas oder der Äußerungen, sondern die von Gesichtern, oder weiter gefasst: von Körpern – jene Oberfläche, die der Stummfilm erkundet hat, um ihr mehr zu entlocken als Worte, nämlich Gefühle, Ängste, Hoffnungen. Der Austausch von Blicken und Gesten wurde im Stummfilm mitunter so deutlich akzentuiert, dass die erläuternden Untertitel schlicht zu Pleonasmen wurden.

Lässt man seinen Blick am Nachmittag durch ein großes Pariser Café schweifen, dann erinnert auch das genau an einen Stummfilm: ein Stück Leben, kontrastreich und vielfältig, ohne Untertitel zwar, aber in der neuen Version oftmals von einer Musik begleitet, die in dem Maße aufdringlich und störend wirkt, wie sie zu keiner der sich hier abspielenden Szenen zu passen scheint. Wer der Versuchung nachgibt, das Schauspiel in seiner Gesamtheit zu betrachten, wird – neben freundschaftlichen oder amourösen Begegnungen – diverse Anzeichen von Langeweile, Spannung oder Ärger wahrnehmen. Er wird beispielsweise Zeuge einer Szene, in der er ein Zerwürfnis erahnen kann. Der öffentliche Charakter des Ortes zwingt die Protagonisten dabei zumeist zu einer gewissen Zurückhaltung; es scheint letztlich besser, Wut oder Schmerz in einem von Konventionen geprägten öffentlichen Raum zur Sprache zu bringen als in einem intimen Gespräch unter vier Augen: Gewalt und Gefühlsausbrüche werden in Schach gehalten, irreparabler Schaden vielleicht vermieden – doch auch wenn er so tut, als verfolge er das Geschehen nicht weiter, wird der zufällige Beobachter, nachdem die eine Person des Nachbartisches brüsk aufgestanden ist und sich von dannen gemacht hat, bemerken, wie der Zurückgelassene nach ein paar Sekunden des Zögerns mit verlegenen Gesten in seinen Taschen kramt, um die Rechnung zu begleichen, um dann ebenfalls aufzustehen und sich möglichst unauffällig zu entfernen, so als wäre nichts geschehen. Die Beziehungen der Oberfläche berühren auch die Oberfläche der Dinge. Gehen sie darüber hinweg? »Wie geht's?«, »Was gibt's

Neues?«, »Schön, dich zu sehen!«, »Wir haben uns ja ewig nicht gesehen!« ... Solche Sätze werden zumeist nicht in der Erwartung einer wirklichen Antwort ausgesprochen; sie entsprechen der Versicherung, dass alles gut läuft, einigermaßen gut zumindest, durchschnittlich gut. Doch bereits das kleinste in der Antwort spürbare Zweifeln ist ein Alarmsignal. Sofern sie nicht einfach ein abschlägiger Bescheid sind, können Schulterzucken, Seufzen, Augenverdrehen, eine knappe und unerwartete Antwort (»Schlecht!«) oder ein zweifelndes »Naja ...« der Ausgangspunkt eines »ernsthaften« Gesprächs werden, einer Vertraulichkeit, die im transitorischen Raum des Bistros leichter auszudrücken ist als am Arbeitsplatz oder auf der Straße: »Lass uns gegenüber ein Glas trinken gehen, um die Uhrzeit ist es dort ruhig.« Wir alle sind schon einmal Zeuge einer Szene geworden – natürlich von Weitem und ohne Genaueres erfahren zu wollen –, in deren Verlauf sich jemand mit fiebernden, stockenden oder überschäumenden Worten an einen anderen wendet, um ihm Angst, Wut oder Kummer anzuvertrauen. In der Windstille des täglichen Einerlei verbergen sich die Untiefen des Lebens, die Tragödie der Trennung, die Gefahr des Schiffbruchs. In diesem Sinn hat das Bistro die distanzierte Gleichgültigkeit der Natur,

Präsenz erfüllte; wie das Meeresrauschen erleichtert sein Getöse diskrete Klagen und Wutbekundungen, die sich manchmal bis zur Atemlosigkeit steigern, bevor eine allmähliche Beruhigung einsetzt.

Die Beziehungen der Oberfläche werden notwendigerweise sichtbar. Dem einen entlocken sie ein Lächeln, dem anderen schreiben sie sich als Überraschung, Verblüffung, Irritation ins Gesicht, oder auch, wenn sich die Gewissheit von Einigkeit oder Sympathie abzeichnet, als Entzücken. Das Bistro ist der Ort einer Vermischung der Gattungen, von Tragödie und Komödie, der nichtssagenden Worte und des vielsagenden Schweigens, des lauten Lachens, des unterdrückten Seufzers und der diffusen Melancholie. Die angedeuteten Gesten und flüchtigen Ausdrücke, die vorübergehenden Schatten und plötzlichen Aufheiterungen haben bekanntlich den Blick von Fotografen angezogen, und wenn Cartier-Bresson, Doisneau und andere im Herzen der Pariser Bistros spontan Szenen festhalten konnten, deren Detailaufnahmen zu Klassikern wurden, dann verstanden sie es darüber hinaus auch, die irritierende und zeitlose Präsenz von Körpern und Gesichtern einzufangen.

So wird das Bistro, weil es ein Ort der Konventionen ist, für viele zugleich zu einem Ort der Riten. Ein Schauplatz gewiss nur kleiner Riten, bei denen nicht viel auf dem Spiel steht, aber doch von Riten, sofern man bedenkt, dass in den geplanten oder auch improvisierten Begegnungen im Café und Restaurant eine gesellschaftliche Beziehung zutage tritt und man aus diesen Begegnungen manchmal mit dem Gefühl, seine Zeit vergeudet zu haben, und mitunter sogar demoralisiert herausgeht, manchmal aber im Gegenteil auch mit unbändiger Freude und der Gewissheit, einen bedeutenden Moment erlebt zu haben.

Ein Moment, der für Menschen Bedeutung hat, muss nicht darin bestehen, dass ein Gespräch ihnen das sichere Gefühl gibt, ein Stück Wahrheit oder die Liebe gefunden zu haben; er kann, bescheidener, ein Moment sein, in dem man spürt, im Blick des anderen zu existieren und umgekehrt. Ein Ritual, das ist eben genau das: Es wiederholt sich, aber sofern es gelingt, gleicht es sich nie ganz; etwas ist geschehen. Die Intensität der Blicke und Worte, die im oder vor dem Bistro gewechselt werden, zeugen manchmal davon, so als ob das Bistro kraft seiner eigenartigen, ja paradoxen Situation – dort etwas trinken zu gehen, heißt »auszugehen«, um sich in einem anderen

Zuhause niederzulassen, es heißt die Gewohnheit und den besonderen Moment, das Beständige und das Provisorische, das Hier und das Dort zu verbinden – ein privilegierter Ort dafür wäre, die Beziehung zur Außenwelt zu prüfen, zu leben und zu erneuern.

Gewiss kann es sich dabei um Grenzsituationen handeln, die insbesondere durch die Art und Menge der konsumierten Getränke bedingt sind. Es kommt aber nur selten vor, dass alle Mitglieder einer Gruppe nach intellektuellen Höhenflügen in völliger Vernebelung enden, und wer dem Rausch verfällt, wird gewöhnlich von seinen Freunden wieder zur Vernunft und nach Hause gebracht; vielleicht ohne es auszusprechen, werden die Übriggebliebenen ihm vorwerfen, eine feine und kostbare Erfahrung ruiniert zu haben, auch wenn sie ihre Enttäuschung durch Lachen und Gewitzel überspielen.

Vor langer Zeit saß ich zum ersten Mal in einer Prüfungskommission für Doktoranden, in Gesellschaft nicht zuletzt eines älteren Kollegen, der aufgrund der hohen Zahl von Disputationen, die ihm sein großzügiger Umgang mit den Anmeldungen bescherte, immer etwas überarbeitet war. Dieser Kollege war depressiv; alle in seiner näheren Umgebung wussten das, und er wusste, dass wir es wussten, auch wenn wir

die genauen Ursachen seines Zustands nicht kannten.
Wir beide entwickelten die Angewohnheit, nach einer
überstandenen Disputation in das Balzar in der Rue de
la Sorbonne zu gehen. Er war ein feiner und kultivierter Mann, aber ich habe allen Grund zu der Annahme,
dass unsere Gespräche – die ich durchaus genoss und
die ihm nach meinem Eindruck eine Atempause im
Kampf gegen die Verzweiflung verschafften – einer
Art Ritual und Therapie glichen. Wir unterhielten uns
etwas schleppend über zwei großen Biergläsern – den
formidables, die einige Jahre davor schon Sartre so
geschätzt hatte –, erzählten uns die immer gleichen
Anekdoten aus unserem kleinen Milieu, bevor wir
anspruchsvollere und zugleich vagere Überlegungen
anstellten und schließlich auseinandergingen. Ich
bin mir keineswegs sicher, dass sich dieser Kollege,
zuhause angekommen, besser fühlte, denn eine bleibende Wirkung hat unser Ritual gewiss nicht gehabt;
aber dass ihm bei einigen Disputationen, an denen
wir beide teilnahmen, der Gedanke an die bevorstehende Atempause Mut gab, steht für mich außer
Frage. Wir konnten uns für unsere Plaudereien keinen anderen Ort vorstellen als das Bistro – ein Ort, der
in diesem Fall ein klein wenig uns gehörte und dessen lange Geschichte wir um ein sehr bescheidenes

Kapitel ergänzten, an das ich mich, wenn ich am Balzar vorbeikomme, gleichwohl ebenso erinnere wie an diesen kurz nach unserer letzten Disputation verstorbenen Kollegen.

Julie

Das Pariser Bistro ist eine Art Treppenabsatz außerhalb des eigenen Domizils. Ich verlasse das Haus und mache sofort bei der benachbarten Brasserie halt, in meinem Bistro, wo es mich als Gewohnheitstier immer wieder hintreibt, wie man sagt. Sobald er mich sieht, schiebt François eine Tasse unter die Kaffeemaschine und brüht einen starken Espresso. Dann schiebt er auf der Theke den Korb voller goldgelber Croissants in meine Richtung, stellt einen kleinen Teller mit Papierserviette vor mich hin, dreht sich kurz um und serviert mir lächelnd meinen Kaffee: »Wie geht's heute Morgen? Gut in Form?« Das Ganze dauert nur ein paar Sekunden. Ich bin nicht mehr zuhause, aber auch noch nicht unterwegs.

Dasselbe auf dem Rückweg, der Eindruck kehrt sich nur spiegelbildlich um: Sobald ich das Bistro sehe, bin ich noch nicht zuhause angekommen, aber auch nicht mehr unterwegs. Ob ich dort haltmache oder nicht, das Bistro ist da, wie ein Wiedererkennungszeichen.

Ein Ort des Übergangs? Nicht nur. Sicher: Das Bistro stellt eine Verlängerung des häuslichen Raumes in den öffentlichen dar (jeden Morgen werfe ich dort einen Blick in die Zeitung und wechsele manchmal mit François oder einem Stammkunden des Tresens ein paar Worte über das Wetter) und in der entgegengesetzten Richtung eine Antizipation des Nachhausekommens (ich darf nicht vergessen, noch bei der Reinigung vorbeizugehen, um meine Jacke abzuholen). Aber mit seiner Einrichtung, seinen Akteuren und seiner Geschichte ist es auch ein Ort für sich. Es ist ein Stück Leben, eingelassen in das meine und das von anderen, ohne dass uns unsere Besuche dort zu einer Gemeinschaft, einem Verein oder einem »Kollektiv« machen würden. Meine Beziehungen zum Wirt und den Angestellten beruhen auf Freiwilligkeit, nicht auf einer vorgegebenen Ordnung, und sind insofern zufällig, aber sie werden bewusst so gelebt, als ergäben sie sich aus einer stillschweigenden Übereinkunft. Auch die Angestellten und Hunderte von Gästen haben ihr eigenes Leben, über das ich nichts weiß und ausgehend von dem jeder für sich – genau wie ich – versuchen kann sich vorzustellen, was seine Anwesenheit an diesem Ort bedeutet. Das Bistro ist ein Ort unter Orten.

Wenn François sich einen Tag frei nimmt, wird er hinter dem Tresen von Julie vertreten, die normalerweise kellnert. An solchen Tagen findet unter den alten Stammgästen des Tresens, der morgendlichen Gemeinde, eine Art Mobilmachung statt. Dazu muss man wissen, dass Julie auf ganz unprätentiöse Weise umwerfend ist: Schlank und graziös, klarer Blick und – ein anrührender Kontrast – ein fröhliches, aber etwas schlurfendes Pariserisch. Jeder der Alten gibt sein mal mehr, mal weniger gelungenes, manchmal ein wenig plumpes, aber niemals vulgäres Kompliment zum Besten. Ungerührt hört Julie nur mit einem Ohr zu, widmet sich schwungvoll der Kaffeemaschine, jongliert mit Tassen und Untertassen, antwortet knapp, lächelt, witzelt hier und da mit der Schar der am Tresen aufgereihten Alten, unter die sich ein paar jüngere Gäste mischen. Sie spielt ihre Rolle wunderbar, und wenngleich François der unangefochtene Herr der Theke bleibt, freut man sich, wann immer sie ihm zu Stoßzeiten spontan zur Hand geht und der weitgehend männlichen Szenerie am Tresen eine weibliche Note gibt.

Wie im Theater hängt in der Brasserie viel von der Verteilung der Rollen ab. Spielen François und Julie nur, was sie für mich zu sein scheinen, so wie der Kellner, den Sartre im Dôme, im Coupole, Flore oder Deux Magots beobachtete, den Kellner spielte? Ja, ohne Frage, und wir alle spielen um sie herum einen bestimmten Typus des Kunden, den Stammgast, den François, Julie und einige andere anerkennen und diskret als Eingeweihte empfangen, so als würden auch wir, wenigstens als Statisten, zum Ensemble gehören. Wenn viele Leute eine Nostalgie für die Filme von Claude Sautet oder Yves Robert hegen, dann weil die Freundschaft – mehr als die Liebe – darin stets als makellos erscheint und sich, wenn alles gut geht, in der spontanen Freude über ein unaufhörliches Wiedersehen im Bistro ausdrückt; jeder ihrer Helden füllt, mit Sartre gesprochen, die Leere des An-sich durch die berauschenden Spiele des Für-sich: Das Bistro erscheint so als ein theatralischer Ort, als eine Bühne, auf der jeder mehr oder weniger talentiert und überzeugt seinen Auftritt improvisiert. Eine herrliche Täuschung …

Doch so interaktiv das Schauspiel, an dem die Kunden teilnehmen, auch sein mag, sie bleiben in erster Linie Konsumenten und Amateure neben den Profis, die ihnen zeitweilig zu Diensten stehen. Das Spiel dauert nur eine bestimmte Zeit. Es kann zwar immer wieder aufgenommen werden, wird aber auch tagtäglich unterbrochen.

Als ich einmal den Boulevard hinunterlief und an meiner Lieblingsbrasserie vorbeikam, sah ich eine junge Frau davor sitzen; einen Augenblick war ich mir unsicher, dann erkannte ich sie: Es war Julie. Wir grüßten uns schüchtern, und ich verschwand in der Metro. Sie hatte ihre Arbeitsstätte nicht verlassen und gönnte sich gewiss nur eine kleine Pause, doch das genügte, um ihren Status zu ändern; unsere relative Vertrautheit existierte nur im Verhältnis von Kunde und Bedienung, und sobald die Symbole dieser Beziehung zwischen bestimmten Rollen verschwunden waren, standen wir uns anders gegenüber und waren zu verlegen, um in Worte oder Gedanken zu fassen, was wir von diesen Rollen wussten. Wer einen bekannten Schauspieler auf der Straße trifft, kann dieselbe Art von Verlegenheit und Unsicherheit erleben: Hin- und hergerissen zwischen der Sympathie und Bewunderung, die man für ihn normalerweise hegt, und der plötzlichen Erkenntnis, dass dieser Schauspieler, wenn er auf einmal vor einem steht, ein vollkommen anderer ist, belässt man es dabei, den Kopf einzuziehen, vielleicht ein freundliches Lächeln anzudeuten und sich darauf zu freuen, abends von dieser »Begegnung« erzählen zu können.

Das Verhältnis von Kunde und Bedienung ist noch komplexer, denn es zieht beide in ein auf

Gegenseitigkeit beruhendes Rollenspiel hinein, dessen vertragsartiger Charakter offen zutage liegt und das sich grundsätzlich nur während der Öffnungszeiten in Form einer temporären Hierarchie manifestiert (»Bedienung! Noch ein Bier!«).

Selbst die treuesten Gäste und die redseligsten Bedienungen bewahren sich in der Regel eine gewisse Reserviertheit. Der Charme des gewöhnlichen Bistros besteht in der Quasi-Anonymität der einen wie der anderen. Die Vornamen François und Julie kenne ich nur deshalb, weil alte Stammkunden oder Kollegen sie so angesprochen haben. Aber diese Vornamen gehören zu ihren Rollen; ich könnte mir gut vorstellen, dass es Pseudonyme sind, Künstlernamen, die sie ablegen, sobald sie zuhause sind, um wieder ihren Familiennamen anzunehmen. Ungeachtet der scheinbaren Vertrautheit, die in ihm bisweilen herrscht, sind die Beziehungen im Bistro strikt auf diesen Ort begrenzt, was ihnen etwas von einem »Spiel«, ja eine eigentümliche Freiheit verleiht. Wenn die Kellner Kellner spielen, dann zweifellos aus dem Grund, dass sie darin das Vergnügen einer erlaubten und anerkannten Identität finden, die kein Risiko birgt. Die Besten unter ihnen sind immer zu Scherzen und freundlichem Lächeln aufgelegt und um gute Laune bemüht, mit der sie die anderen anstecken. Sie verstehen es, mit den Gästen zu spaßen, denen, die bereits da sind, ein Zeichen der Anerkennung zu geben, den Stammgästen ein wenig kontrollierte Vertrautheit zu vermitteln, aufzutauchen und zu verschwinden, als würden sie durch Mauern gehen, gleichsam als reine Emanation eines Ortes, an dem man sie grundsätzlich nie eintreffen und fast nie aufbrechen sieht. Diese wurzellose Identität – *hors-sol*, wie man eine bestimmte Art des Gemüseanbaus nennt, der ohne Erde funktioniert – wirkt befreiend auf die Gäste, die sich mitunter dem ziellosen Austausch von Worten und Gesten überlassen. Jeder spielt seine Rolle, sofern sie ihm gefällt, und improvisiert wie im Jazz seine Variationen eines allgemein bekannten, leicht wiederzuerkennenden Motivs.

Geträumtes Paris

Maigret

Maigret, der für den Reiz von Pflaumenschnaps oder eines Glases Weißwein empfängliche Kommissar, treibt seine Ermittlungen im Rhythmus von Speis und Trank in den diversen Bistros voran, in denen die Gepflogenheiten und Mentalitäten eines Dörfchens, einer Region oder eines Berufs aufscheinen. Und im Kommissariat am Quai des Orfèvres werden die Fälle bei Bier und Schinkensandwichs erledigt, geliefert aus der Brasserie Dauphine, deren Behaglichkeit und klassische Küche er – nach abgeschlossenen Ermittlungen – ebenfalls schätzt.

Beherzt in die Sandwichs der Brasserie zu beißen, ist für Maigret eine Möglichkeit, mit Genuss wieder zu sich selbst zu kommen, den Fall abzuschließen, das Ziel zu erreichen, dem er sich über diverse Schleichwege und Begegnungen, namentlich in Ratskellern, Restaurants und Cafés in Paris wie in der Provinz, genähert hat. In den Augen des Lesers, der sich an sie erinnert, erscheinen diese Orte rückblickend in jene Atmosphäre getaucht, die Maigret so gekonnt einatmet – ja verschlingt, wie man angesichts seines außerordentlichen Aufnahmevermögens sagen könnte –, dass er ihr die Wahrheit, die Lösung des Kriminalfalls zu entlocken vermag, die sich in der einen oder anderen Weise eben hier im Bistro – als Quintessenz des Ortes, an dem die Protagonisten und Zeugen des Dramas sich begegnen, sich zeigen oder verstecken – finden lässt.

Über Maigrets Bistros und seine Arten der Schlemmerei, über die Lust, mit der er in eine auf den ersten Blick fremde Umgebung eintaucht, ist bereits alles gesagt und geschrieben worden. Man könnte sich aber auch fragen, warum es Simenons treuen Lesern ein solches Vergnügen bereitet, den Kommissar in den Momenten des untätigen Wartens und Observierens zu begleiten und den diffusen Charme der Kneipen am Wegesrand und der kleinen Landgasthöfe, wie man sie heute kaum mehr findet, einzuatmen. Genießen sie dabei nicht die Vorstellung eines Refugiums, des Abwartens, der stillgestellten Zeit, die sich an die von Simenon erfundenen Orte heftet? Leben sie nicht stellvertretend für einen Moment in einem Bistro, wie sie es sich erträumen?

Simenon ist ein Lieferant von Träumen. Maigret, der Ermittler, der sich in Concarneau wie an den

Schleusen der Seine tragen, ja durchdringen lässt von dem Milieu, auf das er stößt, ist ein Polizist aus einer Traumwelt. Das Paris, das er im Taxi oder auf der Trittplattform eines Busses durchquert, ist ein geträumtes Paris, und wenn die Romane, deren fülligen und mürrischen Helden er abgibt, kaum zu altern scheinen, dann vielleicht weil sie mit wachsendem zeitlichem Abstand realistischer und plausibler wirken. So färbt das Sepia alter Postkarten auf manche unserer Erinnerungen ab, und diese zwingen der Vergangenheit, die wir bei der Lektüre der Karten wiederzuentdecken meinen, ihre Farbe auf.

Aragon oder die Sucht nach Orten

»Ich schau nur mal kurz rein«: Das ist die stillschweigende Devise des Passanten, der einen Moment im Bistro haltmacht, wo er auf andere, bekannte wie unbekannte Passanten trifft. Er schaut nur mal kurz rein, selbst wenn er eine Weile bleibt oder, wie magnetisch angezogen, noch am selben Tag ein- oder zweimal wiederkommt. Das Bistro ist ein Zeitmaß. Dies natürlich deshalb, weil es Öffnungs- und Schließzeiten hat (man denke an die Trostlosigkeit des letzten Gastes, der sich im Krach des Wegräumens und Auftürmens der Stühle an den Tresen klammert wie an einen Rettungsring), weil es über einen täglichen Rhythmus von Stoßzeiten und Minuten des Durchatmens und sogar Momente offiziellen Glücks, die *Happy Hour*, verfügt, in der das Bier, die Cocktails und der Apéro weniger kosten. Natürlich auch deshalb, weil es denen ein Asyl bietet, die ihren Terminkalender nicht ganz im Griff und deshalb häufig nichts zu tun haben, die zu früh sind, auf eine Verabredung warten müssen und die Zeit nicht anders totschlagen können als durch einen Aufenthalt im Bistro. Aber auch und vor allem deshalb, weil der Besuch des Bistros – für seine treuen Anhänger – in einem umfassenden Sinn ein bestimmtes Verhältnis zum Leben und zur Stadt impliziert. Was Aragon in seinem Konvolut *Le Mauvais Plaisant* jenen entgegenhält, die ihm seine Besuche im Café zum Vorwurf machen, ist in dieser Hinsicht sehr aufschlussreich:

> »Ich gehe also ins Café, weil es mir Spaß macht. Im Café kommen mehr Frauen vorbei als irgendwo sonst, und ich brauche dieses Kommen und Gehen der Frauen. Ich brauche den Fächer der Kleider auf dem langen Weg meiner Augen. Und eine enge Kommunikation mit den Straßen. Ich bin der Mann der Straßen, bin es immer gewesen, und das wird so bald auch nicht anders werden.«

Der Mann der Straßen, der Passant, der Flaneur ist eine Figur der Großstadt. Dass die Pariser Passagen einige große Träumer zum Wandeln animiert und ihre Fantasie beflügelt haben, ist leicht begreiflich. Die Passage, der Zwischenraum par excellence, hat ein eigenes Leben, eigene Zeitrhythmen und Gewerbe, sie umfasst Innenräume, die im doppelten Sinn Innenraum, und

Bistros, die im doppelten Sinn Durchgangsort, Refugium und ephemer sind. In *Der Pariser Bauer* stimmt Aragon ein Lob auf zwei Cafés an, die er lange Zeit frequentierte: das Petit Grillon, wo er Baccara und Würfelpoker spielte, in der Passage de l'Opéra, die durch die Fertigstellung des Boulevard Haussmann und seine Verbindung mit dem Boulevard des Italiens dem Verschwinden anheimgegeben wurde, und das Certa, an dem er besonders den Portwein schätzte:

> »Ende 1919 beschlossen André Breton und ich eines Nachmittags, unsere Freunde von jetzt ab an eben diesem Ort zu versammeln, aus Haß auf Montparnasse und Montmartre, auch aus Gefallen am Zweideutigen der Passagen und verführt wahrscheinlich von einer ungewohnten Kulisse, die uns so vertraut werden sollte; dieser Ort wurde zum Hauptsitz der Dada-Zusammenkünfte.«

Beide Cafés hatten denselben Betreiber, dessen Organisationstalent und diplomatisches Geschick von Aragon gerühmt werden. Das Certa bietet eine ruhige und beschauliche Kulisse: Durch das Holz der Tische, die Glasscheiben und Spiegel, die große Theke und die lange Bank aus Moleskin entsteht »ein köstlicher Ort, an dem ein sanftes Licht« herrscht. Auch für den Charme der sympathischen und hübschen jungen Dame an der Kasse ist Aragon empfänglich; er ruft oft im Certa an, nur weil er es genießt, sie antworten zu hören: »Nein, Monsieur, niemand hat nach Ihnen gefragt«, oder: »Von den Dadas ist niemand da, Monsieur.« Und es bereitet ihm Gefallen, mit dem minutiösen Blick des Ethnografen und der Schwärmerei des praktizierenden Gläubigen die im Certa servierten Getränke zu beschreiben. Auch heute noch liest man dies mit Genuss:

> »Ich möchte aus Dankbarkeit einen langen Abschnitt den Getränken dieses Cafés widmen. Und zuallererst seinem Portwein. Der Porto Certà wird warm oder kalt getrunken, es gibt ihn in verschiedenen Sorten, die ihre Liebhaber jeweils würdigen werden. Aber der gewöhnliche rote Portwein, der zwei Francs fünfzig kostet, ist schon so empfehlenswert, daß ich befürchten würde, ihm zu schaden, wenn ich von den anderen spräche. Zu meinem Bedauern muß ich sagen, daß guter Porto in Paris immer seltener wird. Man muß zu Certà gehen, um einen zu bekommen. Der Wirt versichert mir, daß er ihn seiner Kundschaft nicht ohne Opfer beschaffen kann. Es gibt Portweine, die nicht schlecht schmecken, die aber in gewisser

Weise instabil sind. Sie haften nicht am Gaumen. Sie verflüchtigen sich. Es bleibt keine Erinnerung an sie zurück. Beim Portwein von Certà ist das nicht der Fall: Er ist warm, dicht, sicher und wirklich *charaktervoll*. Aber der Porto ist hier nicht die einzige Spezialität. Es gibt wenig Orte in Frankreich, die ein derart großes Sortiment von englischen Bieren anbieten, *stouts* und *ales*, die von ganz dunkel über mahagoni bis zu hell gehen, mit allen Graden an Bitterkeit und Stärke. Ich empfehle Ihnen – das entspricht allerdings nicht der Meinung der meisten meiner Freunde (Max Morise ausgenommen), die es nicht so schätzen wie ich – das *strong ale* zu zwei Francs fünfzig: Das ist ein Getränk, das einen ganz durcheinanderbringt. Ich empfehle noch den Mousse Moka, der immer leicht und gut legiert ist, und, zu unterschiedlicher Verwendung, den Théatra Flip und den Théatra Cocktail ...«

Als mich der objektive Zufall eines Termins in die Galerie Vivienne im 2. Arrondissement, nahe der Börse, führte, las ich mit einer gewissen Nostalgie kürzlich noch einmal Aragon. Ich war etwas zu früh und setzte mich in ein Café, dessen dunkel schimmernde Holztische mich an Aragons Beschreibung des Certa erinnerten. Es hieß Bistro Vivienne; mit seinem Mobiliar, zwei Räumen, die eine Trennung von Café und Restaurant erlauben, und den Außentischen in der Passage erschien es mir sogleich wie die Quintessenz des Pariser Bistros. Aragon spricht mit Blick auf das Petit Grillon und das Certa nicht von einem Bistro. Ich fragte mich, ob er die Bezeichnung grundsätzlich aus seinem Wortschatz ausschloss, aber einige Zeilen aus seinem *Roman inachevé* beruhigten mich:

> In Saint-Michel liebte ich das Cluny für den Winkel
> Aus dem Schatten und Licht auf unsere zerbrechlichen Morgen fielen
> An der Ecke der Rue Bonaparte und des Kais
> Liebte ich die Tabakbar, in der die Sonne fehlte
> Es gab eine Jahreszeit für das Rotonde und eine
> Für irgendein Bistro in der Nähe des Boulevard de Courcelles …

Aragon liebt es, über die Zeiten zu schreiben, in denen ihn ein bestimmtes Café stärker anzog als andere; hier konnte er »wieder Fuß fassen«, berichtet er, wie ein Schwimmer, der eine Insel oder ein Riff erreicht.

Er nennt dies »die Sucht nach Orten«, und wie ich entdeckt habe, waren mir einige der Orte, die diese

»Sucht« bei ihm auslösten, in verschiedenen Phasen meines Lebens vertraut, etwa das Canon de Grenelle, als ich im »schicken« 15. Arrondissement wohnte, oder das Cluny, das schon vor Ewigkeiten von der Kreuzung verschwunden ist, die den Jardin du Luxembourg mit der Seine und das Odéon mit der Place Maubert verbindet und in deren Nähe ich lange gelebt habe. Manchmal genügt es, den Namen eines Bistros zu hören, um gewisse verborgene Sympathien wieder zu wecken oder verstreute Erinnerungen und weit entfernte Trugbilder am Horizont des Gedächtnisses heraufziehen zu lassen.

Ein romanesker Ort

Der Pariser Bauer wurde im Original 1926 veröffentlicht. Im selben Jahr zog das von Aragon beschriebene Certa in die Rue de l'Isly an der Place Blanche um. Seitdem trafen sich die Freunde von André Breton in der Brasserie Cyrano (Boulevard de Clichy 82, direkt neben dem Moulin Rouge im 18. Arrondissement). Dort befindet sich heute eine Filiale von Quick, ein Schnellrestaurant (*Fast Food*, im internationalen Sprachgebrauch). Bekanntlich ist das Gedächtnis zuverlässig und unzuverlässig zugleich. Es genügt, das Internet zu konsultieren, um sich davon zu überzeugen, dass das Certa und das Cyrano noch existieren. Ein Gastronomieführer empfiehlt, einen »historischen Brunch« im Certa einzunehmen, das sich seit seinem Umzug bis heute in der Rue d'Isly befindet, zitiert dabei aber Aragons Beschreibung des ersten, in der Passage de l'Opéra gelegenen Certa. Und in der Nähe der Place Clichy, im 17. Arrondissement, findet man heute ein Bistro Cyrano, das pittoresk und alt wirkt, über das ein Gastronomieführer jedoch zudem behauptet, es sei zu Beginn des 20. Jahrhunderts »das Hauptquartier der Surrealisten« um Breton und Aragon gewesen. Es ist letztlich rührend zu sehen, wie Bistros, um den Preis leichter Verdrehungen, eine Verwandtschaft mit Breton und Aragon für sich reklamieren, jenen verschwundenen Sternen, deren Leuchtkraft jedoch in manchen verborgenen Orten des Pariser Universums noch wahrnehmbar ist, sofern man einen Blick dafür hat.

Die Fantasie funktioniert wie ein künstliches Gedächtnis. Viele heutige Cafés erinnern daran, dass sie früher von bedeutenden Schriftstellern, Dichtern, Künstlern oder Intellektuellen frequentiert wurden. In der Closerie, wo Lenin Schach spielte, ist an der Ecke eines Tisches ein kleines Metallschild angebracht, das dem Gast das Gefühl gibt, er sitze auf dem Platz von Verlaine oder Hemingway; die Internetseite des Deux Magots erinnert daran, dass Mallarmé, Verlaine und Rimbaud zu seinen Gästen zählten.

In unserer Vorstellung sind Bistros somit aufgeladen mit Geschichte und persönlichen Erinnerungen jüngeren wie älteren Datums oder auch mit dem, was wir über sie – auch in fiktiven Werken – gelesen haben. Ihre wirkliche Kraft rührt jedoch daher, dass sie ganz und gar gegenwärtig sind, in den Straßen von Paris auch heute noch eine Präsenz haben – manche sind gewiss (ohne dass dies immer klar zu definieren wäre) den Zuckungen der Geschichte und der Stadt ausgesetzt, den Moden und Stimmungen des Augenblicks mehr oder weniger stark unterworfen, aber sie empfangen stets diejenigen, für die die Straße ein mögliches Abenteuer bleibt, die sich mit streng festgelegten Domizilen, eingeschliffenen Situationen und unverrückbaren Zeitplänen nicht abfinden mögen.

Alles in allem muss man anerkennen, dass die Straßen von Paris mit ihrem Überfluss an Bistros rund um die Uhr außerordentliche Gelegenheiten für Begegnungen und, sofern einem der Sinn danach steht, für konkrete und vielfältige Erfahrungen menschlicher Beziehungen bieten: Manche (das ist eine Frage des Temperaments) lassen sich lieber vom Zufall treiben und warten ab, andere, stärker aktivistisch Gestimmte treiben die Dinge ein wenig voran, fangen ein Gespräch an, provozieren Reaktionen. Aber beide Herangehensweisen entspringen derselben Leidenschaft für die Straße, das Flanieren, die Begegnung, einer Leidenschaft, die ihrerseits vielleicht paradoxerweise einem gewissen Gefallen an der Einsamkeit entspringt.

Machen wir uns nicht vor: Unter den Stammkunden der Bistros, den wahren Liebhabern des Tresens, findet man mehr Junggesellen und Singles als Verheiratete oder in einer Paarbeziehung Lebende und mehr Männer als Frauen (die Vorurteile und Stereotype sind zählebig). Genauer gesagt: Ein Teil der Kundschaft ähnelt jenen Einzelgängern, zu denen Aragon sich mit Stolz zählte, die das Schauspiel der anderen brauchen, um sich der eigenen Existenz sicher zu sein. Das aber setzt voraus, dass Cafés und Bistros keineswegs bloß ein Zufluchtsort für die vom Leben Verkrüppelten oder für bewusst romanartige Figuren sind, sondern ganz unterschiedlichen Gruppen offenstehen – die dort alle, mehr oder weniger bewusst und flüchtig, zugleich zu Darstellern und Zuschauern werden. Letztlich handelt es sich um eine Form der Toleranz, die sich durchaus ausbreiten sollte: Alle haben ein gewisses Gespür für die diskreten Anzeichen einzigartiger Lebenswege.

Die anderen existieren, ich habe sie getroffen. Im Bistro.

So bin ich mir sicher, dass man in den Bistros eines großen Pariser Bahnhofs wie dem Gare de Lyon (im Train Bleu ganz gewiss, aber auch in der schlichteren Brasserie im Erdgeschoss, dem Montreux Jazz Café) Flaneuren begegnen kann, die ein Gespür für die Vielfalt der Situationen und die vor sich gehenden

Bewegungen haben: Sie selbst fahren nirgendwo hin und warten auch auf niemanden, sondern verfolgen mit amüsiertem Blick die vergeblichen Bemühungen eines jungen Paares, ihr verzweifelt schreiendes Kleines zu beruhigen, oder die Nervosität der älteren Dame, die sich zum dritten Mal versichert, dass sie ihren Fahrschein in der Manteltasche bei sich hat. Sie bescheiden sich nicht mit bloßem Zusehen oder Beobachten, sondern lassen sich vom Rhythmus der Abfahrten und Ankünfte ergreifen. Wer weiß? Vielleicht lässt sich einer von ihnen verzaubern und läuft zum Schalter, um sich – Leinen los! – einen Fahrschein zu einem unbekannten Ziel zu kaufen?

Der Bahnhof verstärkt dabei lediglich den jedem Bistro eigenen Rhythmus, den Rhythmus des Eintreffens und Aufbrechens, der manchmal, sofern man die Protagonisten ein wenig kennt, auch einer von Wiederkehr und Abschied ist. In diesem Rhythmus, der den Kern einer romanesken Gefühlswelt ausmacht, schlägt das Herz der Großstadt.

Das Wort *romanesk* lässt sich auf unterschiedliche Weise verstehen, und die Surrealisten haben darüber heftig gestritten. Es ist schwer vorstellbar, dass ein

Roman lesbar wäre, der nicht romanesk in dem Sinn ist, dass er eine Geschichte erzählt, die Unvorhergesehenes oder Verkettungen von Ereignissen enthält und ihre Figuren und ihren Erzähler hat. Doch die Kategorie des Romanesken geht über die Definition des Romans hinaus. Sie streift das Fantastische, überholt die Psychologie, öffnet Situationen, Verhaltensweisen und Wendepunkte für das Unerwartete. Wenn das Bistro ein romanesker Ort ist, dann vor allem in dem Sinn, dass es der Fantasie Fragmente von Geschichten darbietet, die sich gerade abspielen und deren Vorgeschichten oder Fortsetzungen sich jeder, dem danach ist, eher logisch oder eher erfindungsreich ausmalen kann. Was wird aus diesen jungen Leuten werden, die lächeln, aber ein bisschen traurig wirken, und ihre Coca-Cola durch den Strohhalm schlürfen, ohne je den Blick voneinander abzuwenden? In einem Monat, in einem Jahr? Und der einsame Alte, der sie anzusehen scheint, ohne sie wahrzunehmen, woran denkt er? An welche Vergangenheit erinnert er sich? Wo ist er gerade?

Der Gedanke des Romanesken umfasst auch eine Form bewusster Passivität: Komme, was wolle. Ein Abenteuer zeichnet sich gerade dadurch aus, dass es den, der es lebt, überrascht: Er erwartet es nicht. Oder genauer: Er wartet, ohne zu wissen, was geschehen wird. Der Abenteurer lebt gänzlich von Vermutungen, in der Schwebe, er induziert. Er betritt das Bistro auf gut Glück, er wartet auf gut Glück darauf, dass jemand anderes es ebenfalls betritt, und dann geht er wieder, kehrt in seine gewöhnliche Existenz zurück und wartet – auf gut Glück – auf eine neue Gelegenheit, abzuwarten und sich überraschen zu lassen.

Jeder, der regelmäßig oder gelegentlich ein Bistro besucht, hat in diesem Sinn die Seele eines Abenteurers, und die Anziehungskraft der anziehendsten Bistros beruht darauf, dass sie das Gefühl der Erwartung, das ihre Gäste bewegt und manchmal geradezu erregt, wachzurufen verstehen oder es wenigstens nicht dämpfen. Aber wie verhält es sich mit dem anderen Aspekt des Rituals, für den das Bistro ebenfalls steht: mit der Macht der Gewohnheit, dem heimeligen Refugium, der Behaglichkeit der Wiederholung? All das gibt es gewiss, aber nicht mehr oder weniger als den Geschmack des Abenteuers, dessen Bedeutung man nicht unterschätzen sollte. Die Menschen sind in dieser Hinsicht selbst ambivalent; sie wollen das eine und zugleich sein Gegenteil, den Hafen und das offene Meer, das Heim und die Wanderschaft, Hestia und Hermes. Natürlich sind sie, zum Glück, nicht alle identisch: Es gibt Sesshafte und Nomaden. Das Wunder der Bistros, sofern sie wunderbar sind, besteht darin, dass sie die scheinbar gegensätzlichsten Bedürfnisse gleichermaßen ansprechen. Dabei fällt es kaum ins Gewicht, ob deren Befriedigung objektiv illusorisch ist, das Bistro also nicht wirklich ein zweites Zuhause bietet, nur selten eine Traumgestalt durch die Tür spaziert und ich mich nach meinem Zwischenstopp wieder im Alltagstrott befinde: Hinter der Illusion steht ein Bedürfnis, und dieses gilt es wachzuhalten; Bedürfnis heißt Leben; es ist hartnäckig, stets bereit, wie Phönix aus der Asche zu steigen, wenn man ihm ein wenig nachhilft. Und eben dafür sind die Bistros da.

Die Bistros sind Orte im eigentlichen Sinne des Wortes: Die Gestaltung des Raums ist von größter Bedeutung, die Zeit ein Wert. In den Stunden des Hochbetriebs sind manche in größter Eile, während andere eine Atempause, das Essen oder ihren Kaffee genießen, bevor sie wieder zur Arbeit gehen. In einer Welt, die auf Augenblicklichkeit und Allgegenwart zu schwören scheint, wo die Devise gilt, schnell zu essen und gedankenlos etwas hinunterzuschlingen, in der die großen Lebensmittel- und Restaurantketten sich über den gesamten Globus ausbreiten, kann die paradoxe Existenz der Bistros als eine Form von Widerstand betrachtet werden.

Sich an seinem Ort seine Zeit zu nehmen: Diese Formel, die das Ideal des Pariser Bistros gut definiert, hat heute etwas Provokantes. Auch wenn sie für Aragon vielleicht ganz selbstverständlich war, könnte es durchaus sein, dass eine seiner revolutionärsten Schriften die mit Liebe und Wonne verfasste Beschreibung der Getränke des Certa ist.

Die Rotkehlchen und der Albatros

Wer in der Vorstadt oder auf dem Land lebt und einen Garten hat, wird schnell feststellen, wie häuslich manche Vogelarten sind. Ein Rotkehlchen-Pärchen zum Beispiel frequentiert jeden Tag dieselben drei oder vier Gärten, in denen es Nahrung findet. Die Pariser ähneln den Rotkehlchen, und das Leben in einem Pariser Viertel spielt sich in einem Rahmen ab, der an die drei oder vier Gärten erinnert: Die Bäckerei, das Lebensmittelgeschäft oder ein kleiner Supermarkt, die Apotheke und manchmal eine Fleischerei bilden seine Fixpunkte. Alle vier- oder fünfhundert Meter wiederholt sich dasselbe Muster. Die Wäscherei und der Supermarkt haben einen etwas größeren Wirkungsradius und versorgen gewöhnlich mehrere solcher Mini-Zonen. Dasselbe gilt mitunter für den Milch- und Käsehändler und das Fischgeschäft (obgleich sie in Arrondissements mit einer hohen Dichte an Lebensmittelläden, wie etwa dem 15., eher nur eine dieser kleinen Zonen beherrschen). Für die täglichen Besorgungen werden daher in der Regel nur kurze Strecken zurückgelegt, und wer sich einmal gezwungen sieht, sein Baguette in einer anderen Bäckerei als »seiner« zu kaufen, hat das vage Gefühl, nicht am richtigen Ort zu sein.

Das Bistro ist in beiden Welten zuhause: Die Stammkunden sind mehrheitlich Rotkehlchen: Sie wohnen in der Nähe. Oder sie arbeiten dort – eine Tendenz, die durch die Ausgabe von Essensgutscheinen durch die Firma verstärkt wird. Zwingend ist sie allerdings nicht: Die Vorlieben wechseln, und ich erinnere mich, wie wir nach manchen Seminaren an der École des hautes études lieber zweihundert Meter weiter liefen, um uns wirklich wohl und unter uns zu fühlen; ein intelligenter Wirt versteht es, seine Kundschaft richtig einzuschätzen, zu begeistern und zu halten. Das Bistro ist somit zugleich das ortsverbundenste und das offenste Gewerbe. Die *Bistros de Quartier*, wie man sie nennt, bewirten nicht nur die Anwohnerschaft; selbst die einfachsten unter ihnen überleben nur, wenn es ihnen gelingt, andere Gäste anzulocken, sich in gewissem Maß an die Bewegungsströme in der Stadt anzupassen und ein paar vorbeiziehende Albatrosse einzufangen.

Dass das Image eines Bistros auch durch die Gäste bestimmt wird, ist durchaus berechtigt. Das Bistro bietet bestimmte Dienste und Produkte an und wird nach deren Qualität beurteilt – ebenso aber nach Zahl und Charakter derer, die es frequentieren, anhand seines Publikums. In dieser Hinsicht ist großer Andrang ein gutes Zeichen und wirkt wie Reklame. Ein ausländischer Tourist, der sich nicht auf die einschlägigen gehobenen Adressen der französischen Hauptstadt beschränken mag, ist immer gut beraten, auf die Kundschaft der Cafés oder Restaurants zu achten, die er zu betreten erwägt. Er ist gut beraten, Lokale zu meiden, die ihn offenbar nur in seiner Eigenschaft als Ausländer umwerben und mit verdächtiger Penetranz ihr nationales Siegel herauskehren (*traditional french cooking*), um ihn anzulocken. Er erkennt sie an diversen Merkmalen, namentlich am Gebaren der Kellner, die den eingeschüchterten Gästen, in übertriebener Darstellung ihrer Rolle, mit gebieterischer Nonchalance ein schnell aufgetautes Gericht servieren, um sie sodann durch Laute und Gesten dazu anzustacheln, in den Gesang der passenderweise zum Dessert aufgebotenen Édith Piaf einzustimmen: *Je ne regrette rien …*

Unser Tourist, unser abenteuerlustiger Albatros, muss also Geduld und Achtsamkeit an den Tag legen, um vorfabrizierter Nostalgie und Klischees zu entkommen und die Orte zu entdecken, an denen Paris noch lebt. Dabei wird er sich zwar sicherlich nicht auf das Schauspiel der Orte beschränken, an denen man trinkt und isst, sie aber auch nicht geringschätzen. Er wird erkennen, dass ein Volk, das sich die Zeit zum Essen nimmt (viele Bistros sind trotz der Krise mittags gut gefüllt!) und endlosen Diskussionen im Straßencafé nicht abgeneigt ist, ein romaneskes Volk ist, das nicht rückwärtsgewandt lebt, sondern immer in Erwartung des nächsten Tages.

Die Bistros atmen. Die Worte, die man hier wechselt, sind voller Illusionen und Ernüchterungen, Wünsche und Ängste, Hoffnungen und Zweifel, das heißt letztendlich: voller Intelligenz.

In einer Zeit, in der man alles zum kulturellen Erbe erklärt, könnte ein Verteidiger der traditionellen französischen Kultur auf die Idee kommen, da er sich den Begriff nicht patentieren lassen kann, von der Unesco die Aufnahme des Pariser Bistros in das Weltkulturerbe zu fordern. *Des* Bistros, nicht *der* Bistros, um zu unterstreichen, dass es um die Idee, das Konzept des Bistros und, wie im Fall der französischen Küche, um ein immaterielles Erbe geht. Alle unsere Bistros wären, auf einen Schlag, Weltkulturerbe! Das käme dem

Tourismus zugute und würde die Wirtschaft ankurbeln, es gäbe alten Klischees neuen Glanz, Stars von gestern etwas Zeitgemäßes, müden Liedern einen jugendlichen Touch.

Doch es wäre, trotz allerbester Absichten, der Gnadenstoß für eine beharrliche und doch fragile Wirklichkeit, die gleichzeitig von der konsumorientierten Globalisierung und dem Kult des Bildes bedroht wird. Schon die Klassifizierung der französischen Küche als ein immaterielles Gut hatte etwas Komisches. Und dann auch noch das Bistro! Das Bistro ist nicht nur eine Idee: Es hat eine Geschichte, eine Geografie, eine überreichliche Materialität, hölzerne Tische, verzinkte Tresen, Spiegel, Kronleuchter, Geschirr, von den Speisen und Getränken ganz zu schweigen. Und wenn es dargestellt wird, dann in seiner ganzen Materialität, die es nicht nur als ein Bistro, sondern als dieses oder jenes Bistro erkennbar macht. Von *Hôtel du Nord* bis *Die fabelhafte Welt der Amélie* und von Verneuil bis Truffaut gibt es wenige französische Filme, die den Bistros nicht einen besonderen Ort eingeräumt hätten. Auch ausländische Regisseure, die in Paris gedreht haben, wussten die Szenerie seiner Bistros zu schätzen, so etwa – in ganz unterschiedlichen Genres – Quentin Tarantino in *Inglourious Basterds* und Woody Allen in

Midnight in Paris. Szenerie und Drehbuch sind dabei schwer zu trennen: Das Bistro ist selbst ein Darsteller, was durch die Tatsache, dass man das Hôtel du Nord damals im Studio nachbauen musste, eher noch zusätzlich belegt wird. Jedes Bistro ist ein Darsteller, ein Individuum, während in bestimmten amerikanischen Serien, etwa *Sex and the City*, die Vitalität Manhattans viel stärker durch seine Straßen zum Ausdruck kommt als durch die schicken, aber austauschbaren Cafés, in denen die Heldinnen plaudern und naschen.

Deshalb nein, ganz klar nein: Das Pariser Bistro soll nicht zum Weltkulturerbe erklärt werden, schon gar nicht als ein »immaterielles« Gut! Es ist weder tot noch todgeweiht. Es braucht keinen Platz auf dem leicht morbiden Feld der Ehre der Unesco. Es ist imstande, nicht nur die Anschläge der kulinarischen Globalisierung, sondern auch den zweifelhaften Erfolg, den ihm sein weltweites Prestige mitunter einbringt, zu überleben. Seine Vitalität hängt von denen ab, die es besuchen oder in ihm arbeiten, was aber auch umgekehrt gilt. Es spielt eine bestimmte Rolle und lässt all diejenigen eine Rolle spielen, die sich aus Zufall oder Notwendigkeit, Neugier oder Langeweile, Liebe oder

Eifersucht ... an diesem oder jenem Tag oder tagtäglich in ihm versammeln. Auf der Bühne des Bistros, auf jeder seiner Bühnen, findet ein alltägliches Schauspiel statt. Die Episoden folgen aufeinander und ähneln sich nicht immer. Manchmal hebt sich der Vorhang vor einer Szene, die einem bekannt vorkommt, manchmal hingegen scheint sich etwas abzuzeichnen, das an einen neuen Anfang glauben lassen könnte.

Das Bistro ist das Theater des Lebens. Am Tresen sind, wie im Leben, Erinnerungen anwesend, sie zittern und murmeln, doch die Gegenwart ist ungeduldig und träumt von der Zukunft. Die Bistros ändern sich insgesamt wenig, die gelegentlichen Eigentümerwechsel haben keine Auswirkungen auf ihr äußeres oder inneres Erscheinungsbild. Sie bleiben Wahrzeichen der Pariser Landschaft. So bilden sie die Spur einer Treue der Stadt zu sich selbst.

Um auf das Gefühl des Romanesken zurückzukommen: Es hat, definiert als Erwartung des Unerwarteten, etwas Passives und Paradoxes. Dieses Unerwartete kann aus der Vergangenheit auftauchen (eine schmerzhafte Erinnerung, die Sie erdrückt) oder sich am Horizont als Schatten einer Gefahr oder eines Versprechens abzeichnen. Einem alten Pariser kann es passieren, dass er ein ihm früher vertrautes Viertel

Monate oder Jahre lang nicht betritt, bevor ihn eines Tages ein Zufall (ein Einkauf, ein Termin, eine Einladung) dorthin zurückführt. Nimmt er die Metro, dann sieht er beim Hinausgehen, während er die Treppenstufen erklimmt oder, sofern er das Glück hat, ihn die Rolltreppe langsam hinaufbefördert, wie sich die aus den Augen verlorene Landschaft nach und nach offenbart und Schicht für Schicht wieder zusammensetzt. Und ihre markanten, das heißt den städtischen Raum wie die Erinnerung strukturierenden Punkte bilden, wie ihm sofort bewusst wird, die Bistros: die Brasserie an der Ecke des Boulevards, die kleine Tabakbar gegenüber.

Das Bistro hat seinen Platz in der urbanen Landschaft; es trägt dazu bei, sie hervorzubringen. Es orientiert sich immer nach außen. Manchmal wagen sich, auch wo es keinen regulären, klar abgegrenzten Außenbereich gibt, ein paar Korbstühle hinaus unter den freien Himmel. Sie sind Landmarken, die allen durch den Pariser Ozean Navigierenden die Möglichkeit signalisieren, vor Anker zu gehen. Aufmerksam geworden, können diese sich auf einen Blick ein Bild von dem Bistro machen, das sich ihnen arglos und bisweilen mit einem Hauch von Exhibitionismus zur Schau stellt: Von der Straße aus sieht man die Rücken der am Tresen lehnenden Gäste und den Wirt, der sich dahinter hin- und herbewegt; man kann die zwischen drinnen und draußen pendelnden Kellner beobachten und die Anordnung von lackierten Holzstühlen und Bänken aus Moleskin erahnen. Jeder wird an seinem Platz bedient, auch die Rechnung bringt man dem Gast, der grundsätzlich erst aufsteht, nachdem er sein Wechselgeld bekommen und eventuell etwas Trinkgeld auf den Tisch gelegt hat. Das ist eine Eigenheit des Pariser Bistros, die dazu beiträgt, den Raum mit Bewegung und Worten zu füllen, und die in Europa, wo der Gast häufig selbst zum Zahlen an den Tresen geht, keinesfalls Regel ist. Nach außen hin offen und unablässig von allerlei Bewegungen beschwingt, ähnelt das Bistro weder einer Kneipe noch einem Salon oder Privatclub; es gehört zum Körper der Stadt, und dieser Körper ruht nie. Es ist das genaue Gegenteil der Kantinen und Selbstbedienungsrestaurants, in denen der Gast nur mit Preisschildern kommuniziert und die Kassen eine zweite Barriere hinter der Eingangstür bilden, die sich vor dem Kunden automatisch öffnet und hinter ihm wieder schließt. Das Bistro schottet sich, wie übrigens auch manche traditionellen Gewerbe, keineswegs gegen fremde Blicke ab, sondern es lockt sie an, zieht sie auf sich, es stellt seine Karte aus, weist auf seine besonderen Angebote und die schon erwähnten Glücksversprechen hin (*Happy Hour*), sie werden wie ein mit fiebriger Hand improvisiertes Gedicht auf eine Kreidetafel geschrieben, die ein Gestell mitten auf dem Bürgersteig dem Blick der Passanten präsentiert. Ein Bistro kann man beinahe aus Versehen betreten.

Das Bistro ist kein abgeschlossenes Refugium; es bleibt offen für die Stimmung der Zeit und die Geräusche der Straße. Den Widerhall der Moden und der Epoche vernimmt man hier ebenso wie, von Zeit zu Zeit, die Parolen, die auf Demonstrationen skandiert werden. Auf manchen Routen durch Paris entfernen sich die Demonstranten an heißen Tagen kurz von ihrem Zug, um am Tresen ein kühles Bier hinunterzustürzen, bevor sie wieder in die Schlacht ziehen: »Oh lé lé, oh là là / Die Gewerkschaft, die ist immer da!« Das Bistro und sein Tresen bilden einen Teil der Straße.

Wenn ein Bistro schließt, bietet sein abgedecktes Schaufenster oder der ein für alle Mal den Eintritt versperrende Metallrollade plötzlich den Anblick eines jähen und unbegreiflichen Endes, ein Bild des Todes ohne jede Metaphorik; es ist der Tod persönlich, der hier sein Antlitz zeigt. Viele Bistros in Frankreich mussten schließen, und wenn sie sich in Paris behaupten, dann häufig um den Preis einer Anpassung an die

Bedürfnisse und Moden der Zeit, die sie zu entstellen droht.

Dennoch wird der alte Pariser, der das Glück hat, die Landschaft seines ehemaligen Viertels noch intakt vorzufinden, sich gewiss nicht lange damit aufhalten, es bewegt zu betrachten – dafür fehlt ihm die Zeit –, aber vielleicht wird er versucht sein, nach Erledigung seiner Dinge auf ein kleines Bier oder einen Kaffee in die Brasserie an der Ecke zu gehen, um zu schauen, ob noch immer derselbe Wirt (wie hieß er nochmal?) hinter dem Tresen steht. Wenn er nicht mehr da ist, da mittlerweile im Rentenalter und zurück ins Massif central gezogen, wird der alte Pariser, von Abenteuerlust getrieben, vielleicht trotzdem der Verlockung nachgeben, sich an einem Tisch niederzulassen und einen Kartoffel-Heringssalat und ein Steak (blutig) mit Pommes zu bestellen – sichere Werte, die ihm sofort den Geschmack vergangener Tage wiederbringen.

Das Leben der Brasserie behält jedoch seinen Rhythmus und seine Prioritäten. Selbst angenommen, ein Kellner oder der Chef persönlich würde den ehemaligen Gast wiedererkennen, der Freudenausbruch wäre nur kurz: Ein Bistro ist ein Stück Gegenwart, das die dort Arbeitenden ungern aufgeben. Die Brasserie ist kein nostalgischer Ort und man kann darauf wetten, dass unser alter Pariser, nachdem er den letzten Bissen verschlungen hat, sich zwar noch die Zeit nimmt, einen letzten Kaffee zu schlürfen, dann aber gut gelaunt mit der Gewissheit aufbricht, eine neue Etappe in seinem Leben begonnen, seine Umgebung, Orientierungspunkte und Bistros gewechselt zu haben. Im Bewusstsein beispielsweise, nicht mehr ganz derjenige zu sein, der sich früher um die Place de la Convention bewegte, wird er leichten Herzens in Richtung Place Monge aufbrechen.

Verlorenes Paris, wiedergewonnenes Paris

Paris ist zweifellos die einzige Stadt auf der Welt, die einem, wo immer man sich befindet, zahllose Gelegenheiten bietet, sich auf ein Gläschen niederzulassen. In Italien ist es eher die Regel, dass man seinen Kaffee am Tresen, im Stehen, trinkt, auch wenn manche Städte, etwa Turin, eine Ausnahme darstellen. In Berlin muss man die »angesagten« Viertel (Kreuzberg, Friedrichshain) aufsuchen, um ein Paris ebenbürtiges Angebot zu finden. In Paris jedoch sind die schwächer gewordene Beziehung zwischen literarischer Betätigung und Cafés, die vorgestanzte Nostalgie, die die ehemaligen Schlupfwinkel des Existenzialismus und Surrealismus sakralisiert, und das gesamte Unternehmen der Aufhübschung und der Anpassung an touristische Normen, das einige Bistros in »Erinnerungsorte« verwandeln soll, besorgniserregende Zeichen, die zu denken geben und eine rettende, entschiedene Reaktion hervorrufen sollten, etwa in Gestalt eines Appells an die Schriftsteller der ganzen Welt und – warum nicht? – eines Rufs zu den Waffen und einer erneuten *Libération*:

»Schriftsteller aller Länder, rettet uns, beschreibt uns, berauscht euch!

Die Orte gibt es, man muss sie nur entdecken, ob südlich oder nördlich der Seine. Von Saint-Germain-des-Prés bis zur Place de la Contrescarpe könnt ihr euch von Bistro zu Bistro schlängeln, über die Rue de Tournon, die Rue de Vaugirard, die Place Edmond-Rostand, die Rue Soufflot und die Rue Mouffetard. Vom Musée Grévin bis zur Opéra lauft ihr über die Rue Vivienne, die Place de la Bourse und die Rue du Quatre-Septembre. Zwei Strecken, zwei Routen von tausend möglichen, die ihr kaum ausschöpfen könnt, sofern ihr die Neugier habt, bei jedem sie säumenden Bistro Rast zu machen. Was ihr dort finden werdet, dessen seid versichert, wird eurem Gaumen schmeicheln, aber auch euer soziologisches Interesse wecken, falls ihr ein solches habt, oder euer poetisches, falls euch die Schönheit von Städten bewegt – in jedem Fall aber eure Abenteuerlust, wisst ihr doch, dass keine eurer Stationen der nächsten ähnelt und schon fünfzig Meter weiter eine andere Welt darauf wartet, euch zu empfangen und bei sich zu halten.

Schriftsteller jeder Herkunft, marschiert auf Paris, allein oder in kleinen Gruppen. Fallt in die Hauptstadt ein. Befreit uns von der Gewohnheit. Befreit uns von unserer Trägheit. Von Angst und Langeweile. Befreit uns von der Erinnerung und vom Vergessen. Von der Gegenwart und der Vergangenheit. Erfindet die Zukunft und neue Worte. Ideen und Bilder. Gebt uns wieder ein Abenteuer. Auf dass die Wirte und Wirtinnen der Pariser Bistros, angeregt von eurer Präsenz, wieder zu Hütern des Tempels werden und euch dabei helfen, von Neuem den Blick für das Außergewöhnliche und den Geschmack an den Wundern des Alltags zu finden, die Aragon 1926 feierte. Auf dass euch jedes der Bistros, auf die ihr in diesem rasanten Krieg trefft, ein erobernswertes Ziel sei und einige ihrer Namen, als wiedereroberte Zitadellen, auf immer an eure Siege erinnern werden!«

Bei näherer Betrachtung scheint mir jedoch, dass ein solcher Aufruf, so flammend er auch daherkäme, in doppelter Hinsicht mehrdeutig wäre: Handelt es sich um eine Mobilisierung, einen Hilferuf oder eine Grabrede? Und würde er von einer objektiven Gefahr zeugen oder schlicht vom Missmut und der zerknirschten Grübelei eines alternden Beobachters? Wenn ich an das Bistro in der Rue des Fossés-Saint-Jacques mit seinem Tischkicker zurückdenke, dann in dem Wissen, dass es seit Langem verschwunden ist und dass ich, sollte sich wie durch ein Wunder ein solcher Ort in Paris noch finden, weder die Lust noch die Kraft hätte, ihn des Öfteren aufzusuchen; unter anderem, weil meine damaligen Begleiter längst verstorben oder fortgezogen sind. Ich nahm schnell Abstand von dem, was ohnehin nie mehr als eine Fantasie war: ein Bistro zum Hauptquartier einer literarischen Bewegung zu ernennen – eine jugendliche Träumerei, an die, so sehr sie sich an ihr berauschten, gewiss selbst einige derer nicht wirklich glaubten, die sie schließlich verwirklichten und deren Name heute noch gelegentlich fällt, wenn es um diese oder jene kurzlebige Bewegung geht, die mit diesem oder jenem Bistro verbunden war. Diese hastigen Rekonstruktionen einer durchaus ungewissen Archäologie zeugen ihrerseits von einer illusorischen Nostalgie.

Das Paris, das wir als das alte Paris betrachten, verdankt sich letztlich großenteils den Umgestaltungen der zweiten Hälfte des 19. und des frühen 20. Jahrhunderts. Andererseits stellt die Tatsache, dass heute in Lokalen, die man weiterhin Bistros nennt, mehr und mehr Essen serviert wird, einen Wandel dar und kein Ende. Vielleicht sollte es uns vor allem erstaunen und freuen, dass die Realität der Orte der Ausweitung des Begriffs »Bistro« weitgehend widerstanden hat und die gastronomische Mode ein Element des Widerstands gegen die Welle der Uniformierung ist, die der Tsunami der Schnellrestaurants entfesselt hat.

Die leichte Melancholie, die mich beim Gedanken an die Pariser Bistros manchmal überkommt, ist nicht den Bistros anzulasten. Sie gehören zu offensichtlich zur »Gestalt der Stadt«, um sich nicht mit ihr zu verändern, obgleich sie es in ihrem eigenen Rhythmus tun und auch wenn ich gelegentlich Bistros mit beinahe unveränderter Einrichtung und einer noch immer vertrauten Atmosphäre wiederentdecke. Das Herz eines Sterblichen hat seine geheimen Gründe und Abgründe der Unvernunft. Es kommt vor, dass er sich von Erinnerungen überwältigen lässt oder, umgekehrt, sich kaum erinnern kann. Wenn ich an die Pariser Bistros denke, in denen ich nicht mehr lebe, die ich aber bisweilen noch aufsuche, dann projiziere ich sie in meine Vergangenheit zurück. »Revoir Paris…«, sang Trenet. Was werde ich wiedersehen, wenn ich das nächste Mal durch die Straßen ziehe? Eine Stadt, die vor meinen Augen doppelt erscheint: Alte Erinnerungen begleiten mich auf meinen heutigen Streifzügen. Dennoch tauche ich manchmal mühelos in das Treiben der Stadt ein, es überwältigt mich nicht. Ich bin weise genug, die Stadt in der Gegenwart zu erleben, meine Erinnerungen oder das, was von ihnen bleibt, in mein Inneres zu verbannen und mich in einen Alltag zu begeben, der mir manchmal etwas künstlich erscheint, der aber tatsächlich immer sehr gegenwärtig und überaus real ist. Ich widerstehe dem Reiz der Pilgerfahrt und gehe in das erstbeste Bistro. Meine innere Stadt und ihre Bistros existieren natürlich ebenfalls, aber nur für mich, und ich bin bemüht, die objektiven Veränderungen der Stadt und ihrer Alltagskulisse vom Spiel meiner Erinnerungen zu trennen, die mit wachsendem Abstand umso lebhafter werden.

Meine Lebenslinie, genauer: eine meiner am einfachsten bestimmbaren Lebenslinien, ist zwei Metrolinien gefolgt, die sich an der Station Jussieu kreuzen, zwischen Maubert-Mutualité und Gobelins: Cardinal Lemoine, Place Monge, Censier-Daubenton. In unterschiedlichen Phasen meines Lebens habe ich die Bistros in der Nähe dieser Stationen frequentiert. Ausgehend von der Place Maubert bin ich im Laufe der Jahre die Rue Monge entlanggewandert, mit einigen Abstechern in das 15. Arrondissement, wo sich zahllose Speiselokale, Kneipen und Tabakbars finden. Zurück im 5. Arrondissement genügten mit der Zeit ein paar Hundert Meter Bewegung, um eine subtile Veränderung der

Alltagskulisse zu bemerken, die sich um ein neues Bistro herum abzeichnete. Heute befinden sich die Bilder all dieser Bistros im Album meiner Erinnerung, in dem ich manchmal gedankenlos blättere. Es beginnt mit der Befreiung 1944, als die 2. Panzerdivision von General Leclerc die Rue Monge in Richtung Jardin des Plantes vorrückte: Die von überall herbeigeströmte Menschenmenge setzte die Panzer fest, und mir ist das Bild im Gedächtnis geblieben, wie aus dem Bistro an der Ecke der Rue des Bernardins – das meine Eltern nie betraten – wie von Zauberhand Weinflaschen kamen, um sie den Siegern zu überreichen. Dieses Bistro existiert nicht mehr; die an der Place Maubert sind noch da. In der Umgebung habe ich manchmal einen Kaffee an der Place de la Contrescarpe getrunken, die damals noch keine Hochburg des Tourismus war, oder ein kleines Bier am Tresen in der Brasserie auf der Île Saint-Louis, ein oder zweimal stand ich dabei in der Nähe von Moustaki, einem einsamen und stummen Gast aus der Nachbarschaft. Etwas später haben wir manchmal in einer lebhaften und fröhlichen Runde von Freunden in einem Bistro unweit der Rue de Censier gegessen, das vor ein paar Jahren verkauft und umgewandelt wurde. An der Kreuzung von Avenue und Rue des Gobelins, in deren Nähe ich eine Weile gelebt habe, bevor ich aus

Paris wegging, scheint heute alles – vielleicht nur vorläufig – an sein Ende gekommen zu sein.

Wie sich zeigt, sind die Pariser Bistros gute Gedächtnisstützen. Doch wenn ich viele von ihnen heute noch weitgehend intakt vorfinde, spüre ich manchmal umso stärker, dass ich dort nichts mehr verloren habe: Ich erwarte dort niemanden mehr und habe weder die Zeit noch die Gelegenheit oder auch nur das Bedürfnis, zu meinen alten Gewohnheiten zurückzukehren. Wenn ich in der Gegend bin, gehe ich an der Ecke der Rue Monge und der Rue du Cardinal-Lemoine in das einzige Bistro, wo ich eine gewisse Chance habe, ein oder zwei alte Freunde zu treffen (sich zu verabreden ist gleichwohl sicherer) oder das bekannte Gesicht eines der Kellner zu sehen. Es kommt auch vor, und wird weiterhin vorkommen, dass ich mich an den Tresen der Brasserie in Nähe der Metrostation Les Gobelins setze. Julie, so hat man mir gesagt, arbeitet dort nicht mehr; aber François wird mir vielleicht mit einem etwas zögerlichen Lächeln eine dieser Formeln für alle Gelegenheiten zuwerfen, in deren Geheimnis er eingeweiht ist (»Und ... aus dem Urlaub zurück?«) – sofern er mich nicht überrumpelt, wie beim letzten Mal, als ich ihm die Hand schüttelte. Kaum hatte ich, von einer gewissen Verlegenheit getrieben, klargestellt, dass ich »nur kurz reinschaue«, da überlegte er nur eine Sekunde und erwiderte: »Alle schauen nur mal kurz rein« – eine Bemerkung, die mich nachdenklich stimmte, weil in seinem abschließenden Ton so etwas wie das Ende eines Spiels anklang, aber auch weil sie mir, auf herzliche Art und Weise, wieder meinen Platz zuwies, indem sie die Sichtweise desjenigen ausdrückte, der, stets treu auf seinem Posten, von der anderen Seite der Theke, des Tresens aus Tag für Tag diejenigen beobachtet, die sich einbilden, ihn zu kennen, weil sie ihn anschauen, ohne ihn wahrzunehmen.

Verschwunden sind nicht die Bistros, sondern die Leichtigkeit, mit der ich – noch vor Kurzem – vom einen zum nächsten navigiert bin. Navigieren kann ich noch, aber die Anlaufhäfen sind verlassen. Vielleicht ist das der tiefere Grund, warum ich wegfahre und reise: Anderswo kann ich mich in neue Szenerien und Begegnungen wagen, ohne vom Gewicht vergangener Tage und verschwundener Freundschaften niedergedrückt zu werden, ohne mich zur Wiederholung oder zum Vergessen verurteilt zu fühlen.

Die Bistros tragen an solchen Stimmungsschwankungen keine Schuld. Genauer: Weil sie ein bestimmendes, nicht wegzudenkendes Element der Stadtlandschaft sind, können sie – in derselben Weise wie die von Lamartine und Hugo gefeierte Natur – nacheinander den Anschein erwecken, die Vergangenheit zu bewahren und zu verraten. Die Natur kümmert sich nicht um Alphonse de Lamartines »Le Lac« oder Victor Hugos »Tristesse d'Olympio«, und die Pariser Bistros haben kein Interesse an meiner seelischen Verfasstheit. Sie haben das Leben vor sich. Also ja: Mögen die Schriftsteller von heute und morgen Nostalgie und Misstrauen verscheuchen, sich nicht genötigt fühlen, rückwärts zu gehen, sondern sich kopfüber in die Stadt stürzen, um das Geheimnis zu verfolgen, das sie dort noch immer hinzieht; mögen sie der Nüchternheit des Erwachsenenalters widerstehen, Paris in ein erotisches, freudiges, atemberaubendes Fest verwandeln und es verstehen, jenen Charme wahrzunehmen, der immer da ist, sehr wohl da ist, und den man im Alter, mit einem Übermaß an Egozentrik, nur mehr vergangenen Tagen zugesteht.

Textauszüge aus dem *Pariser Bauer* von Louis Aragon
mit freundlicher Genehmigung des Suhrkamp Verlages:
Louis Aragon, *Der Pariser Bauer*. Aus dem Französischen
von Lydia Babilas. © Éditions Gallimard 1926. © der deutschen
Ausgabe Suhrkamp Verlag Frankfurt am Main 1996.

Erste Auflage Berlin 2016

Copyright © der deutschen Ausgabe 2016
MSB Matthes & Seitz Berlin Verlagsgesellschaft mbH
Göhrener Str. 7, 10437 Berlin
info@matthes-seitz-berlin.de

Copyright © der französischen Originalausgabe 2015
Éloge du bistrot parisien
Éditions Payot & Rivages

Alle Rechte vorbehalten.

Die Publikation dieses Buchs wurde
gefördert durch das Programm PAP
des Institut français und der
Französischen Botschaft Berlin.

Umschlaggestaltung: Dirk Lebahn, Berlin
Satz: Tom Mrazauskas, Berlin
Druck und Bindung: Pustet, Regensburg

Printed in Germany

www.matthes-seitz-berlin.de

ISBN 978-3-95757-261-5